読んで旅する
よんたび

フランスふらふら一人旅

にしうら 染

大和書房

はじめに

「いつかお金と時間ができたら１ヶ月位パリで生活して、気が済むまで美術館や博物館に通ってみたいなあ」

そんな昔から頭の片隅にあったぼんやりとした願望が現実になったのは、２０１９年の９月のことでした。

フランス語どころか英語もろくに喋れず、大人になってもいまだに人見知りで、調べて辿り着いた店に入る勇気がなく５分くらい入り口の前をうろうろと往復して結局通り過ぎることもある…そんな自分がよく一人で行ったものだと、今でも思います。

怖気付く自分に「今のタイミングを逃したら行ける機会はそうないぞ」と言い聞かせ、パリの片隅のアパルトマンで始めた期間限定の一人暮らし。そこには短い滞在では感じられなかった様々なパリの日常がありました。

上る度にギシギシと音をたてるアパルトマンの螺旋《らせん》階段、窓から聞こえる住人たちの話し声、公園の芝生に寝っ転がってぼんやりしながら浴びた陽の光、マルシェで買って歩きながらかぶりついたプラムの瑞々しさ、道端で売っていた焼き栗の素朴な甘さ、夜間開館の静かなルーヴル美術館の中でスケッチブックに走らせた鉛筆の音…。

パリという名前から連想する観光地や名所の華やかさとは程遠く、なんてことはない日々の音や味、光景。今もふとした瞬間に思い出し、楽しかったなあとしみじみ感じるのはそういったものの方が多いです。そんなささやかな思い出を含めたパリの景色を漫画やイラストにして描き続けていたら、今回こうして文庫本の形にまとめていただくことができました。

この本を手にとってくださった皆様にも、その記憶を一緒に楽しんでもらえますように。

にしうら　染

旅のはじまり
2019年初夏
うーん…
6月に 囃子屋さんと 台湾行くけど
年内もう一回位 旅行したいな〜
アジア ヨーロッパ アメリカ…
この辺に 行きたい場所の スクラップが
ぐいっ
あっ
グラッ
あああ〜
ドサ
ドサ
素顔の印象派
パリ 歴史事典
漫画の資料に集めた フランス関連の本も 溜まったなぁ
いつか時間と お金ができたら
美術館に 教会めぐり…
パリに 1ヶ月位滞在して 取材したり ふらふらしたいなぁ…
またフランスが 舞台のマンガが 描きたいし…
はた

時間あるな
白。
貯金もまあ…
…これは
フランス滞在いけるのでは!?
ちなみに海外一人旅経験なし
ドン
よーし早速調べてみよう!!
待ってろフランスー!!
という感じでわりと勢いで決めたフランス滞在
2022年現在
そこで体験した事を漫画でまとめたのがこの本です
旅の計画からアパルトマン生活パリの日常、街歩き美術館巡りなど
様々な旅の風景をぎゅっと詰めたので興味のある所から読んでみてください
それではどうぞ!!

目次

Part2 パリの日常

Part3

パリの街歩き

Part4

パリの美術館巡り

登場人物

にしうら 染（筆者）
旅と絵画好きの漫画家
人見知りのうっかり者

Part5 帰国

アリクイぬいぐるみ
今回の旅のお供
囃子屋さん不在時の
ツッコミ担当

囃子屋《はやしや》さん
ゲームとアリクイが
好きなにしうらの夫
今回は日本で留守番

旅の目的

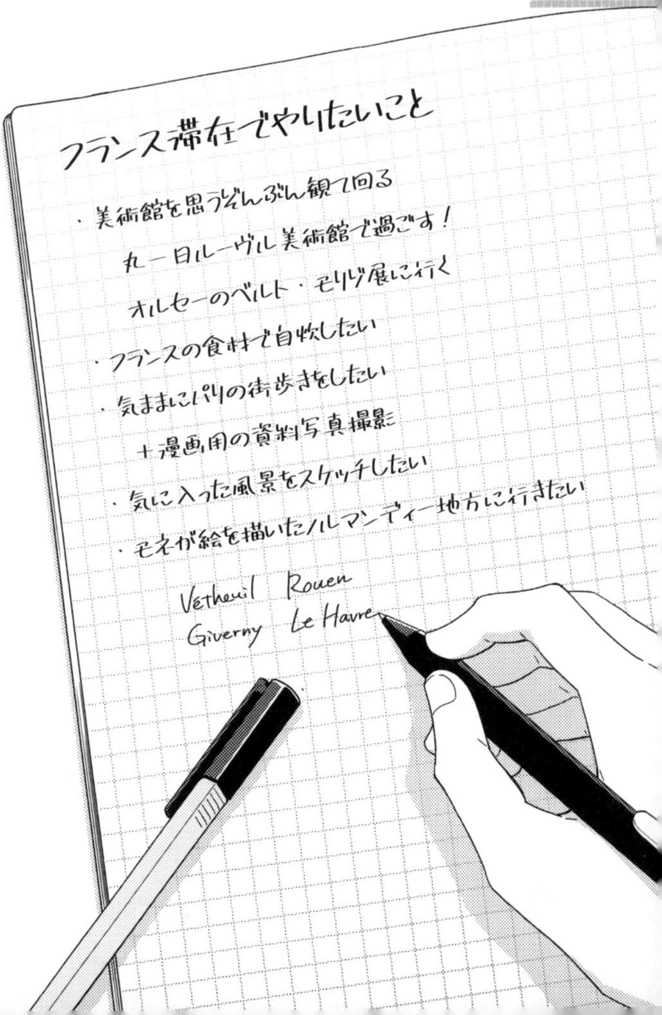

フランス滞在でやりたいこと
・美術館を思うぞんぶん観て回る
丸一日ルーヴル美術館で過ごす！
オルセーのベルト・モリゾ展に行く
・フランスの食材で自炊したい
・気ままにパリの街歩きをしたい
＋漫画用の資料写真撮影
・気に入った風景をスケッチしたい
・モネが絵を描いたノルマンディー地方に行きたい
Vetheuil Rouen
Giverny Le Havre

Part1

準備・アパルトマン生活

アパルトマン滞在計画

参考までに 今まで自分が 行った海外旅行は こんな感じ
アメリカ8日間（2013）
会社の研修旅行
フランス9日間（2015）
囃子屋さんと二人旅
フリープラン使用
ロシア7日間（2017）
旅行会社のツアーに
一人参加
台湾4日間（2019）
囃子屋さんと二人旅
エクスペディアで
個人手配
個人手配の 一人旅は 今回が初めてです
まず 気になるのは 1ヶ月の滞在って ビザとか 必要なのかな
「フランス」「ビザ」…と
ポチ ポチ
へえ〜
EU加盟国は ＊90日以内の観光なら ビザいらないのか
それなら 飛行機と宿さえ 決めたら
普通の旅行と 変わらないや
カチャ
次は 泊まる所だな
色々種類は あるけど…
ホテル
旅の宿泊施設の基本
中には部屋に
キッチンがついていて
自炊ができる所も
ドミトリー
基本的に相部屋の格安宿泊施設
宿泊費を抑えたい時の強い味方
シャンブル・ドット（B&B）
一般家庭の一室を借りて宿泊
ホテルよりは安め。朝食付き
アパルトマン（アパート）
部屋を管理する会社か個人と
連絡をとって家具付きの
アパルトマンの一室を借りる
今まで使ったのはホテルのみ

＊正確には180日の期間内で最大90日間の観光・出張目的の滞在ならビザが免除される（2019年当時）

パリのホテルは料金高めで1ヶ月は予算的に厳しいな…
安い所はパリのはしっこだったりするし
ドミトリーは安いけどコミュ障にはハードルが高い…
人こわい…
ぷるぷる
せっかくならパリで「生活」がしたいな
ごはん作ったり
制作したり
となるとアパルトマンが一番ぴったりだ
これに絞って探そう!
数日後
う〜ん…
Airbnbやbooking.comでいい部屋をいくつか見つけたけど
英語の会話得意じゃないし
個人同士だとトラブルあった時がちょっと不安…
ん?
日本の会社が管理して貸してる部屋もあるんだ
*カルチェ・ラタンの辺りで一日八千円…
ここよさそう
口コミや物件周辺の治安はどうかな…
カタカタ
紹介サイトには情報を一部しか載せていない所もあります
*できれば複数のサイトで評判を確認しましょう

＊パリ５〜６区にまたがる学生街

＊booking.comで見つけた所ならグーグルマップの口コミも確認するなど

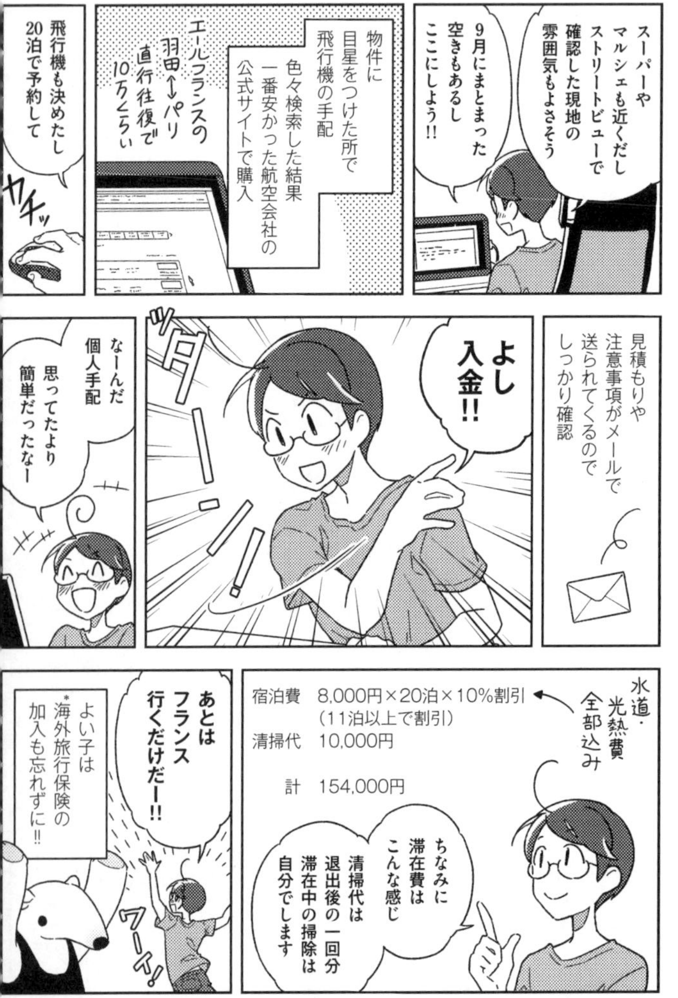
スーパーや
マルシェも近くだし
ストリートビューで
確認した現地の
雰囲気もよさそう
9月にまとまった
空きもあるし
ここにしよう!!
物件に
目星をつけた所で
飛行機の手配
色々検索した結果
一番安かった航空会社の
公式サイトで購入
エールフランスの
羽田↔パリ
直行往復で
10万くらい
飛行機も決めたし
20泊で予約して
カチッ
見積もりや
注意事項がメールで
送られてくるので
しっかり確認
よし
入金!!
なーんだ
個人手配
思ってたより
簡単だったなー
宿泊費　8,000円×20泊×10%割引
（11泊以上で割引）
清掃代　10,000円
計　154,000円
水道・光熱費
全部込み
ちなみに
滞在費は
こんな感じ
清掃代は
退出後の一回分
滞在中の掃除は
自分でします
あとは
フランス
行くだけだー!!
ワーイ!
よい子は
*海外旅行保険の
加入も忘れずに!!

＊にしうらはうっかり忘れていて８月末にあわてて加入しました（直前でも加入できます）

周囲の反応
家族に秋頃パリ行くよーとは軽く言ってたけど いざ報告したら反対されないかな…
大人だから反対されても行くけど
ってなったら行きづらいなあ…
3週間も?
えー心配…
滞在場所や期間に目星をつけた辺りで報告
パリに3週間!? 短期アパート借りて?
夫・囃子屋さん
フランス語できるの?
にしうらさん人見知りなのに大丈夫?
下調べも色々したし
が… 頑張る!!
思い切ったねー 気をつけて楽しんできてね
ありがと
たくさん取材してきなよー
理解のある家族でよかった…
友人の中で一番面白かった反応↓
ドン
染ちゃんが一人でフランス3週間行くって話ユーク(夫)にしたらねー
野武士みたいでかっこいいねって言ってたよ
友人の武塙さん
野武士!?
ぶっ
斬新なたとえだな!?

持ち物

衣類

UVカット
パーカー
靴下×3
Tシャツ×2
(長袖と半袖)
下着×2
ウルトラライト
ダウンベスト
部屋着
ロング
ニットカーデ

洗濯するので服は2～3日分+はおりもの程度

洗面道具類

手ぬぐい×2
爪切り
薄手
バスタオル
ボディウォッ
シュタオル
せっけん
薄手フェイス
タオル
ヘア
トリートメント
ヘアブラシ
歯ブラシ

バスタオルはなくても大丈夫だった…

日用品

ミニ洗濯板
ピンチハンガー
ラップ
室内用スリッパ
ジッパー付き
ポリ袋
芯を抜いた
ガムテープ
マスキング
テープ
ホチキス
レジ袋
定規
トイレット
ペーパー×2
ハサミ
ウエットティッシュ
箱ティッシュ

薬類

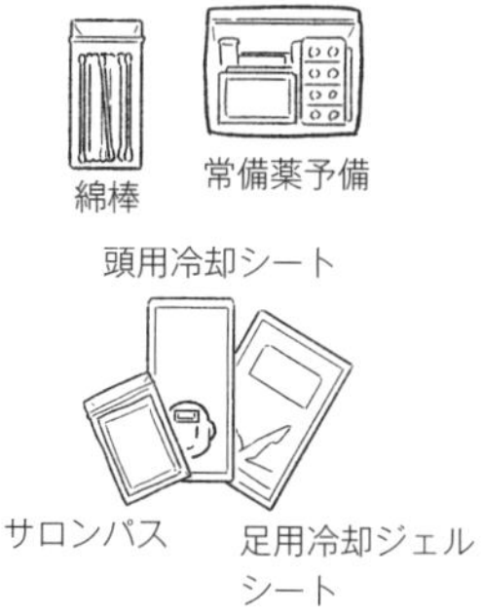
綿棒
常備薬予備
頭用冷却シート
サロンパス
足用冷却ジェル
シート

日用品はパリでも買えますがわざわざ買うのももったいないので自宅にあるものを詰めていきました

スーツケース

インスタント
味噌汁
みそ汁
トートバッグ
おにぎり
変換プラ
(C型、SE
お湯を注ぐだけで
できるおにぎり
電源タップ

サブバッグ

水筆
固形水彩
絵の具セット
鉛筆
練り消し
荷物用はかり
アリクイ
ぬいぐるみ
スケッチブック
Bluetooth
キーボード
ハンドクリーム
目薬・化粧水
文庫本・本
充電器・
バッテリー
鎖付き
南京錠
加湿マスク・
のど飴
耳栓
折りたたみ傘

ショルダーバッグ
折りたたみ
エコバッグ
ハンカチ・
ウェット
ティッシュ
イヤホン
カメラ
iPad mini
旅日記
常備薬
しおり
メモ・旅のしおり
筆記具
けっこう重い…
リップ
クリーム
小銭入れ
iPhone SE
財布
セキュリティポーチ
腕時計
日本国
JAPAN
パスポート
予備のお金と
(日本円と€)
クレジットカード

薬やカードなどの小さいものはジッパー付きポリ袋に入れて、
まとめるとわかりやすくてよいです

長めの滞在で持って行ってよかった物

パリなら大概のものは売っているので
パスポートと飛行機のチケットと旅行保険の加入と携帯と
クレジットカードさえ忘れなければ大丈夫！だと思います。
カップ麺とかカレールーも日本食材店で買えます
（もちろん価格は日本より高い）。

洗い流さないヘアトリートメント

部屋にドライヤーが
なかったので
髪はシャンプーで洗って
タオルドライした後に
これをつけてセット…で
済ませていました。
髪の長い人は難しいかも…。
シャンプーは現地の
スーパーで調達しました。

携帯おにぎり

お湯を注いで15分で食べられる
おにぎり（水でも30分でできる）。
お米が食べたくなった時や
旅先で食料品店が閉まってしまい
ごはんを買いそびれた時などに
助かりました。

軽くてあまり荷物に
ならないのもよいです。

ラップ

フランスのラップはとにかく
切れにくくて使いづらい!!
という話を聞いていたので持参。
自炊でよく
使うので
持って行って
正解でした。

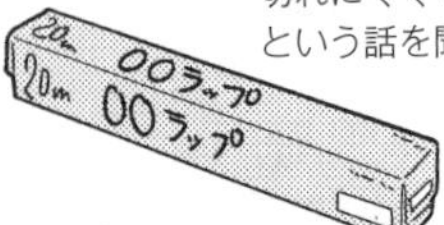

一番良かった！
ジッパー付きポリ袋

野菜、果物、肉を
小分けにして保存したり
トランクに荷物を
詰めるときに
物やお土産を小分けにしたり。
衣類圧縮袋にもなります。

箱から出せば軽いし
スペースもほぼ取らない！
今回は大中小を各10枚位
持って行きました。

出国
出発当日20時 羽田空港 国際線ターミナル
囃子屋さーん
会社帰りに見送りきてくれてありがと まだ時間あるから一緒に夕食食べよう
いいよー
大きいカバン持つよ
何時の飛行機？
22時55分
in モスカフェ
もう チェックインして スーツケースも預けたから あとは搭乗口行くだけ
夜便って離陸後に機内食出なかったっけ
うん これ夕食1回目
もぐもぐ
空港来るとつい色々食べたくなるんだよね
さっきずんだシェイクも飲んじゃった
わかるけども
保安検査場の前で解散
気をつけてね
じゃあね
エールフランス搭乗口
148

夜出発って なんだか わくわくするなぁ
うっきうき
羽田からパリまで 直行便で12時間
本色々読んで 映画観るぞ!!
離陸してから 1時間弱で ドリンク サービス
シャンパンを注文
離陸から2時間 機内食の登場
わ〜い!!
苺と柚子のムース
水
MORITA
チーズ
mini BRIE
固いパン
トマトジュース
チキンかサーモンで チキンを選択
鶏肉の白ワインクリームソース
プロヴァンス風小麦のサラダ
野菜のソテー
ん! チキン 柔らかくて 美味しい
苺と柚子のムース 風味がいいな〜!!
完食後 アルコールが 回って沈没
ZZZ…
数時間後
座りっぱなしだと 体が こわばるな〜
ぐーっ
トイレついでに体操

ちょっとすっきり…
ん？
やったおやつだ!!
シリアルバーとどらやきもらった
LITTLE
MANDISES
映画を観ているうちに
スパイダーバース面白すぎ!!次トールキン観よ
2回目の機内食（朝食）
十勝ヨーグルト
パン
マドレーヌ
コーヒー
COFFEE
プレーンオムレツ
フルーツ
ジャムとバター
はー満足
さて映画の続き…
ポーン
…当機はあと30分程で＊CDG空港に…
もう!?
ガーン
空の旅が食っちゃ寝で終わった…
入国審査は5分位で通過
午前5時の薄暗い手荷物受取所でスーツケースを無事受け取り
あった！
一息ついた所で
＊CDG空港…パリ＝シャルル・ド・ゴール空港

ああ
今 一人で異国にいるんだなあ
そんな実感がふいに湧いてきた
自由を手にした興奮と一人の心細さが綯い交ぜになってふわふわする
これが海外一人旅か
とりあえずSIMかえてnavigo買おう
よし！SIMカード差し替えて初期設定できた
これでWi-Fiない所でもネット使える
空港のTGVの駅で＊navigoの1ケ月分を購入
駅の中を散策しているうちに
おっ
入居担当の人と待ち合わせの時間だ
＊担当者さんと合流
ぺこ
Paris Opéra
空港からオペラ座前まで直行のロワシーバスとメトロを使って物件へ

＊地下鉄、RER、バスなどの公共交通機関が乗り放題になるパス

＊方向音痴のため物件までたどり着けるか不安だったので行きだけオプションの出迎えをお願いしました

↓古い建物なので
エレベーターがない
アパルトマンの中へ入り螺旋階段を上って部屋へ
はい…ぃぃ
ずっしリ
大丈夫ですか?ぃぃ
わぁっ!
立派な木の梁に素敵な窓!!
設備の使い方や注意事項などを教えてもらい
担当者さんは帰宅
パタン
もう昼の12時…
羽田出てから19時間位経ったなぁ
今日からここがパリの家か
ゆっくり休んでからあとでスーパーでも行こう
……
うず
うず
だめだうかれて休めない!!
外歩くぞ!!
バーン
ヒャッハーパリだー!!

アパルトマンから
徒歩10分のパンテオン。

4年前はドーム部分が
修復工事中で隠れていたので
完全な姿を見られて嬉しかった。

結局この後
パンテオン
↓
サンティティエンヌ・
デュ・モン教会
↓
リュクサンブール公園
↓
オデオン座

…と散歩してから
満足して帰りました。

パリの朝
パリ生活
最初の朝
7時頃
チチチ…
ZZZ…
ドンドンドンドンドン
ガバッ
ふあっ?
何の音?
誰かがドア
ノックしてる!?
いや
誰もいないいや
ドキドキ
…これ
足音か!
…ドントントントン
そう、この部屋は螺旋階段が
すぐ横だったので
↓螺旋階段
部屋
廊下
住民が階段を
上り下りする足音が
部屋に
ダイレクトに
響くのです
パリの住居は19世紀に
建てられたものが
多いから音が響くとは
聞いてたけど
こんなに
聞こえるんだ
ろうかでの
話し声も
つつぬけだ…
最初は驚いたものの
翌日以降は
よい目覚ましに
なりました
…ドントントントン
朝か~

アパルトマン①入り口

パリのアパルトマンの入り方は日本と結構異なります
まず必要なのが「コード」（暗証番号）
最初の入り口は通りに面した扉
横の入力扉に決まったコードを入力して開けます
ピッ
ピッ
建物に入ると郵便箱の先に鉄格子の扉が
ここもコード式
住人は入居時に渡された電子キーをタッチして開けます
最後に自分の部屋の扉
ガチャ
セキュリティ三段階！
日本より厳重だな〜!!
その一方で窓の鍵はすごく簡素なのが不思議…
これ防犯大丈夫かな…
回すだけ
ちなみにコードを忘れると建物に入ることもできないので気をつけましょう
え〜と…
……

アパルトマン②ゴミ出し

パリのゴミ分別はゆるめの3種類（2019年当時）
ガラス類
リサイクル不可（生ごみなど）
リサイクル可（紙、プラスチック、缶など）
各ゴミの容器がアパルトマンの敷地内に置いてあり出す時間、曜日は自由
ガラス（白の蓋）
一般ゴミ（緑の蓋）
リサイクルゴミ（黄色の蓋）
外出のついでに出せて楽!!
ゴミ袋は自由
このゴミ容器を収集時間に（だいたい朝か夕方）管理人さんが外の通りへ出し
ゴミ収集車に中身を回収してもらう…というシステムになっています
最初はそれを知らず…
あれっ
ゴミ容器が消えた!?
キョロ
キョロ
この時間は通りに出てるよ
親切な子に教えてもらいました
メルシー！

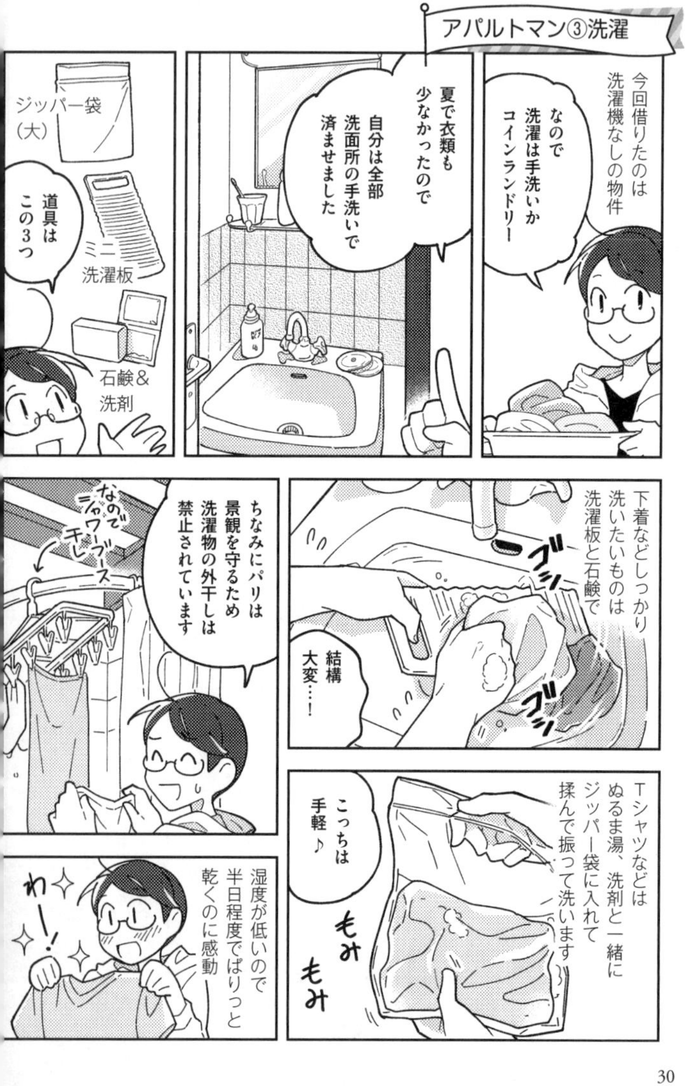
アパルトマン③洗濯
今回借りたのは洗濯機なしの物件
なので洗濯は手洗いかコインランドリー
夏で衣類も少なかったので
自分は全部洗面所の手洗いで済ませました
ジッパー袋（大）
ミニ洗濯板
石鹸＆洗剤
道具はこの3つ
下着などしっかり洗いたいものは洗濯板と石鹸で
ゴシ
ゴシ
結構大変…！
ちなみにパリは景観を守るため洗濯物の外干しは禁止されています
なので
シャワーブース
干し
Tシャツなどはぬるま湯、洗剤と一緒にジッパー袋に入れて揉んで振って洗います
こっちは手軽♪
もみ
もみ
湿度が低いので半日程度でぱりっと乾くのに感動
わー！

部屋の間取り

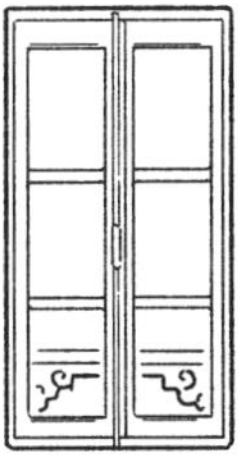

窓

開けると気持ち良い
そよ風が入ってくる大きな窓。
しかし網戸がないので
たまに虫が入ってきて
スリリング。

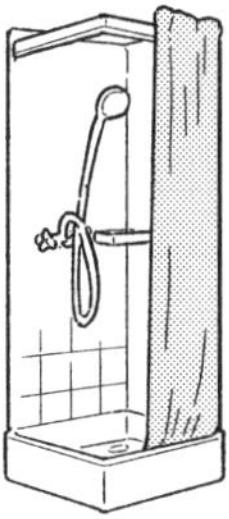

シャワーブー

バスタブなし、
シャワーのみ
でしたが
それほど不自由は
なかったです。

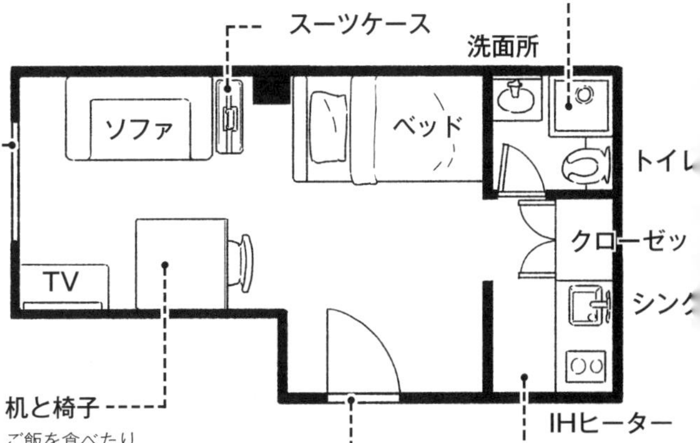

スーツケース
洗面所
ソファ
ベッド
トイレ
クロ―ゼッ
TV
シン
IHヒーター

机と椅子

ご飯を食べたり
旅日記を書いたりの作業は
主にここでしていました。
窓を開けて外の音を
聞きながら作業するのが
最高に楽しかったです。

キッチン

シンプルなキッチン。
詳細はP.42の図解を参照

玄関ドア

オートロックなので
鍵を置いたまま外に出ると
もう戻れない。

羽田空港の搭乗口。
夜の空港は非日常感があって
わくわくする。

機内食。トレーの上にメインからデザートまで収まっている
ところが給食のようで楽しい。

シャルル・ド・ゴール空港の手荷物受取所。左にあるのは外貨両替所。

アパルトマンの窓から見える空。

ホームシック
パリ生活 3日目の昼下がり
ズゥン
ただいまホームシックの真っ只中
フーフゥ…
日本の家に帰りたい…
原因は小さな出来事の積み重ね
言葉がうまく伝わらずにため息をつかれたり
ビクッ
歩いていたらすれ違いざまに怒鳴られたり
!?
カフェに入ろうとして声をかけたウェイターから無視されたり
元気な時なら
まあそんな事もあるよね
美術館行こ
と切り替えられることも
疲れていたり心細い時は
パリは私のことが嫌いなんだ…
街から自分の存在を拒絶されているような
そんな気すらしてしまう
べそ
べそ
おうちがー恋しいよ~

ん…
あ…寝てた
ぐ〜
もう夜か お腹すいたし スーパー行くか…
半日つぶしちゃった…
19:33
とぼ
とぼ
音楽？

小さな広場でのミニコンサート
演奏している曲名もわからないけど
なんか
気持ちが軽くなってく
Merci!
明日は…
午後からゆっくり美術館観に行こうかな

アパルトマンと周囲の人々
毎朝ゴミ出しの時に挨拶してくれる
隣のブーランジュリーの職人さん
Bonjour!《おはよう!》 Ça va?《元気?》
休けい時間らしい
夕方頃に中庭でよく課題をやっていた学生さん
Bonsoir!《こんばんは》
スーパーで何買うか迷っていた時におすすめを教えてくれたおばあさん
C'est bon!《これ いいよ!》
嫌なこともあったけど
温かく接してくれる人たちのおかげで楽しい滞在になりました
旅先での親切本当にうれしい…
慣れない場所で疲労がたまると心も弱ってきます 旅を楽しむためにも適度に休息をとるのは大事だと実感…
ホームシック以降は半日休みの日をちょいちょい作るようにしました
部屋で絵を描いたり
ベッドでごろごろしたり
は〜楽〜

生活音

ザー
ザー
この水音…
上の人
洗い物中かな
ジャッ
ジャッ
夕食準備中

音が響きやすい
パリのアパルトマン。
上階は隣室のシャワーや
トイレの水を流す音、
掃除機をかける音なども響くので
住むとなると大変そう…と
正直思いました。
（物件にもよると思いますが）

その一方で、窓から聞こえる
中庭の楽しそうな喋り声、
週末に近くの広場で
開催されるミニコンサートの音楽や歌声は
アパルトマン生活の楽しい思い出の一つです。

Le Conversation
Le Concert

日用品

大体の日用品は使い慣れているものを
日本から持って行きましたが、
シャンプー、ハンドソープなど一部は
現地のスーパーで購入しました。

どれも自分には当たりのもの
ばかりでよかった。

Signal
ANTI-TARTRE
Signal
ANTI-TARTRE
↑歯磨き粉1.3€

液体ソープ3€→
(ミルクの香り)
いい香りだし
肌しっとり〜!!
GARNIER
Ultra DOUX
↑シャンプー3€
(柑橘系の香り)
LE PETIT MARSEILLAIS
Lait
Hydrate et Nourrit

掃除

ホテルとは異なり
滞在中の部屋の掃除は
自分でやるのがルール。

掃除機などの
必要な掃除道具は
一通り部屋に揃っています。

人によっては
手間と感じるかもしれませんが
自分は生活しているな〜と
感じられて
楽しかったです。

朝、出かける前の
掃除機がけ
日本の掃除機より
気持ち吸引力が
弱いような…
ガー
ガー

通信環境

フランスでのネットへの接続にはプリペイドSIMカードを
使いました。自分のiPhone SEは初めから
SIMフリーなので、フランスに到着したら
SIMを差し替えて、説明書にしたがって
アクティベーション（初期設定）をすればOK。

設定の手間が少しかかるけれど
１週間以上の旅行なら
１日ごとに料金がかかるレンタルWi-Fiや
国際ローミングサービスを使うよりも
通信料金が安く済みます。

自分が使用したのは
Orange Holiday Europe
（フランスの通信会社Orangeのプリペイドカード）

サマータイム中なので
フランスと日本の
時差は7時間。

日本
AM
0時
フランス
PM5時

家にいる時は
アパルトマンの部屋に
ついているWi-Fiを使用。

嘶子屋さんとの連絡は
iPhoneのメッセージと
LINE通話で。

※電話番号はSIMカードに
紐づいているので
差し替えている間は番号が変わります。

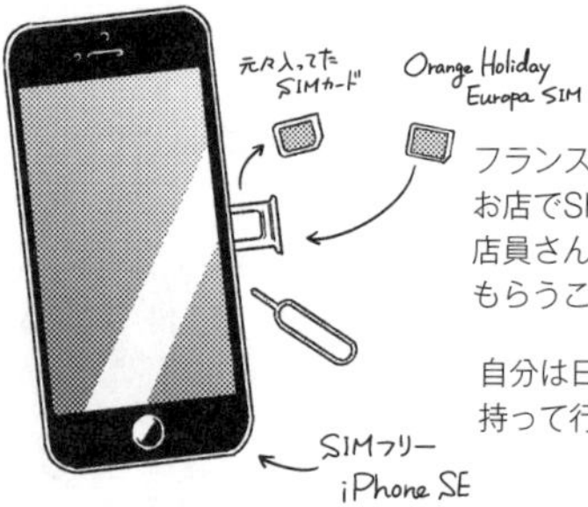
元々入ってた
SIMカード
Orange Holiday
Europa SIM
SIMフリー
iPhone SE

フランスに着いてから
お店でSIMを購入すれば
店員さんに差し替えて
もらうこともできます。

自分は日本で事前に購入して
持って行きました。

Part 2

パリの日常

キッチンの詳細

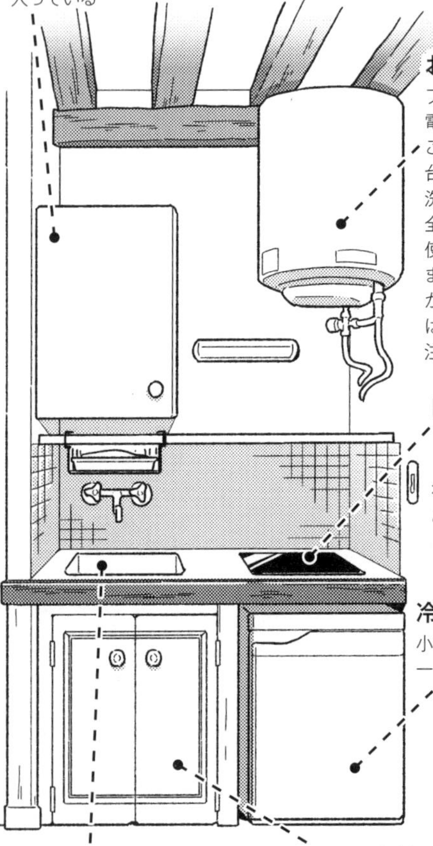

食器棚

備え付けの食器が入っている

お湯のタンク

フランスでは夜間に電気で温めたお湯をここに溜めておく。台所回り、シャワー、洗面所などのお湯は全てここから使います。使い切るとまた溜まるまるのに2時間くらいかかるのでシャワーの前は使いすぎないように注意。

IHヒーター

1～10で火力調整して使う。IHを使うのが初めてで9にしたらあっという間に焦げた…。

冷蔵庫

小さいけど一人なら十分なサイズ。

シンク

日本のものより小さめ。窓に網戸がないのでこまめに生ゴミを捨てないとすぐにハエが飛ぶ

シンク下収納

鉄やフライパンが入っている。年季が入っていて微妙に閉まらない。

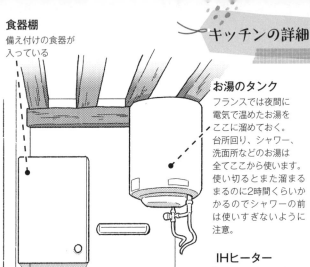

備え付けの調理器具

湯沸しポット・電子レンジ

レトルト食品を温めたり、冷凍したパンを解凍するときなどに使用。

食器棚

お皿やお椀、
コップやカトラリーなど
一通り揃っている。

フライパン

調理に使うのは
だいたいこれ

鍋、片手鍋

クスクスやヌードルを
茹でるのに便利

初めての海外自炊

フランスといえば
美食の国
コース料理を
提供する
高級レストランから
家庭料理や
大衆料理が
食べられるビストロ
カジュアルに
お酒が楽しめる
ブラッスリーまで
様々な飲食店が
あります…が
外食の値段は
日本に比べると
総じて高め
というか日本の外食価格が安い
なので
滞在中の食事は
だいたい自炊
していました
うーん
1食で20€は
キツい…
MENU 20€
アパルトマン生活
2日目の朝
よーし
最初は軽く
オムレツ辺りから
作ろう
IHは
初めてだけど
コンロとそんなに
変わらないよね
火力表示
火力調整
ON/OFF

20€＝2400円位

まず
卵を溶いて
牛乳入れて…
チャッ
チャッ
Lait
ENTIER
強火は…
最大が10だから
9くらいかな
オリーブ
オイル入れて
ピッ
ジュ〜
フライパンが
熱くなったら
卵液入れて
菜箸で
ぐるぐる…
ん?
なんでこんなに
焦げついて…
もう
固まってる!!
あああああ
ちーん
ぐしゃ
こんな
漫画みたいな
失敗するとは…
オムレツが
スクランブル
エッグに…
あっ! これ
テフロン加工のない
鉄フライパンだった
油が足りなかったな
調理の前に
確認しよう
翌日
バターを多めに
熱してから焼いたら
ちゃんとできました。

スーパーマーケット
自炊生活で一番お世話になる場所
それはスーパー
海外のスーパーって何度来ても楽しいんだよね
日本との違いを一番感じるのは野菜売り場
キノコ大きいな!!
CHAMPIGNON FRANCE
CAROTTE FRANCE
小分けで売っているものもありますが
基本は量り売り
TOMATE FRANCE 2.50/kg
買う分を売り場にある袋に入れて
秤にのせて商品を選択
間違えて印刷されたシール
出てきたシールを袋に貼って…
完成!!
この状態でレジに持っていけばOK
必要な分だけ買えるシステム便利だなぁ
最初は1kgからしか買えないのかと思ったけど…

フランスは
国土の半分が農地の
農業大国なので
スーパーの野菜や果物も
安くて種類豊富です
味は日本のより
苦みやアクが
強めかな
特に葉物
好みは
分かれそうだけど
個人的には
好きだな～
気になる人は
火を通した
調理を中心に
するといいかも
きゅうりとナスが
日本のよりかなり
大きくてびっくり
ズッキーニかと
思った…

果物は
調理がいらないので
短期旅行の方にも
おすすめ
どれも安くて
本当に
美味しいです
日本のスーパーでは
見たことない
果物が色々!!

おすすめ果物（夏～秋）

プラム
Prune

フランスのプラムは少し固くてシャクシャクしていて美味しい。8個くらいで1€という驚きの安さ。3日に1回くらい買ってた。

平桃（ペッシュ・プラット）
Pêche plate

名前の通り平べったい形の桃。サイズは小さめだが、とても甘くてジューシー。大好き。

りんご
Pomme

スーパーでもマルシェでも色々な種類が並んでいて、甘さも酸味も様々。小ぶりのものがおやつにぴったり。

ミラベル
mirabelle

晩夏から秋にかけてが旬のスモモの仲間。酸味はなく、杏をさらに甘くしたような味。

カプッ
よく洗って皮ごとかぶりつくのが最高！！

ジュースとかジャムにしても美味しいらしいです

予想外だったのが赤すぐり(グロゼイユ)
Groseille
コケモモみたいで美味しそう!! デザートに買おう
きれーい
食べてみると
すっっっぱー!!
サラダのトッピングにしました
酸味がちょうど良い
他に充実しているのは乳製品
ずらーっ
スーパーでこの品揃え…
このサイズのチーズが2€とかすごいな〜
2€=240円位
日本で買うと1000円以上
CAMEMBERT
COEUR DE LION
何より嬉しかったのが
大好きなシェーブルチーズがスーパーで売ってる!!
シェーブルチーズはヤギの乳で作られたチーズ
酸味とクセが結構あるのですが自分は大好き
あと安くて驚いたのはバター
250gが2〜3€!!
うらやましい!!

しかもエシレとかボルディエとかのブランドバターじゃなくても十分美味しい

そしてスーパーに行く度についつい買ってしまうもの
それはお菓子
St Michel
Galettes
ガレット
Bonne Maman
チョコがけマドレーヌ
チョコムース
Lay's
Nature
ポテトチップス
bueno
チョコバー
海外のあまーーいお菓子大好き
そんなこんなで気づけばちょっとした量に…
・・・・
散歩の時の持ちあるき用 水 500ml×6
炭酸水 1ℓ これも定期的に買う
プル
プル
レジではここに自分で買うものを出すと
店員さんがバーコードを読みこっちに品物を移します
支払い後は持ってきたエコバッグに手早く袋詰め
せっせ
せっせ
…重い
買いすぎには気をつけましょう
ずし…

大きいスーパーだとベルトコンベアで品物を流すタイプもある

ムフタール通り
今日は疲れた… 自炊するの めんどい…
ぐで～
よしっ
あそこに 行こう!!
がばっ
向かうのはアパルトマンから 徒歩1分の ムフタール通り
タッ
そこはパリ5区にある 観光客と地元民で 常に賑わう下町的な通り
600m位の細長い道路に 庶民的なレストラン 昔ながらのチーズ店や 青果店、鮮魚店など!! 食に関する商店が 多数並んでいます
Rue Mouffetard
La crêpe Nicos ひとつ
クレープ屋
Chez Nicos
ホカ
すっご! なすやチーズ はみ出てる
ホカ
La crêpe Nicos
なす・ひき肉・チーズ・トマト・レタスのクレープ
ぱくっ
たっぷりの具材と あつあつのチーズが絡んで 美味しい！
もぐ
具がこぼれそう!!
これで 6€は 嬉しい…
もぐ

通りのお店はどこも
価格はお手頃で
ボリュームたっぷり
CRÊPES
特にクレープ店は
近くの大学の学生が
並んでいるのを
よく見かけました
あっ
甘いクレープ
美味しそう…
パニーニも！
はぁ〜〜
一日5食くらい
食べれるように
なりたい…
ムフタール通りの大好きなお店紹
タルト専門店
La Maison des Tartes
食事系のキッシュから
デザートタルトまで
色々揃ってます。
具材の相性抜群！
サーモンとほうれん草の
キッシュ　一切れ3.5€。
店舗のショーケースに
ずらっと並んだタルト
何を買うか毎回迷ってしまう。
レモンタルト　一切れ2.7€
デザートタルトは薄めだけど
濃厚な甘さで満足感がすごい。
持ち帰りにして
公園で食べるのが
最高!!
チョコとナッツの
タルトも美味しかった…。

買った食材色々

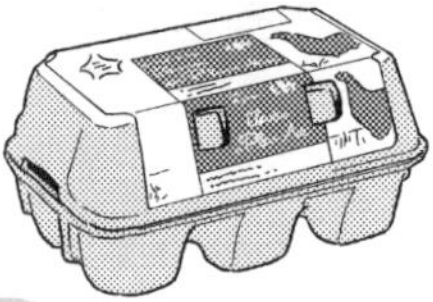

卵 *oeuf*

日本のものに比べると黄身の色が少し薄かった。

シュクリーヌ
Sucrine

手のひら位の小さいレタス。
３個で１€弱とお手頃価格なので、サラダにしてもりもり食べてました。

鶏レバーのコンフィ
Confit de foie de volaille

ペースト状のレバー。
バゲットに塗って食べるのが至福。

じゃがいも
pomme de terre

ソテーにするとほっくほくで美味しい。

野菜や果物など食品の買い物は前情報を入れずに店頭で見て気になったものを購入してました
想像していた味と違うものもあって面白かったです
Bio c' Bon

エコバッグはスーパーごとにデザインが色々あってかわいい。
これはビオセボンのもの。

クスクス
Couscous

小麦でできた粒状のパスタ。
ご飯代わりにも使える便利食材。

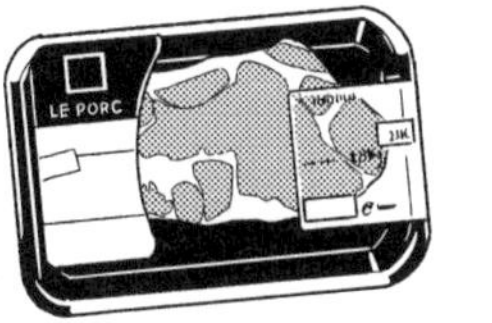

豚肉 *Porc*

100gで0.99€位。
肉類は生肉よりハムやソーセージが
充実していました。

インスタント麺
Nouilles instantanées

ご飯を作る気力がない時用。
チキンやカレー、シーフード味な
どバリエーション豊富。

乾燥ソーセージ
Saucisson sec

フランスのサラミやハムは本当に美味しい。
肉類はお土産にできないので現地でいっ
ぱい食べましょう。

チーズの
ハーブオイル漬け
Dés de fromage herbes Provence

そのままおつまみとして食べ
てもいいしサラダに合わせて
も美味しい。

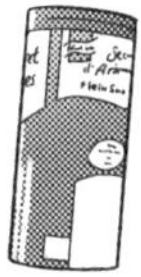

いちじくジャム
Confiturede figues

ジャムも種類豊富で安かった…。
もちろん美味しい…最高…。

ハーブソルト
Sel et herbes

これで肉や野菜をソテー
するだけで十分美味しい。

マルシェ
「マルシェ」とは「市場」という意味のフランス語
Marché
フランスの広場では決まった曜日の朝から昼頃まで
食料品から花、雑貨、衣料品まで様々な店が集まりマルシェが開かれます
骨董品が集まる蚤の市もマルシェの一つです
美味しいチーズ買うぞ～
Bonjour!
Bonjour!
シェーブルチーズありますか？
シェーブルならこれかこれがいいよ
おお…外側が黒いタイプだ
食べたことないなどんな味だろ…
味見してみて
ひょい
美味しい!!
これ1つください
はい
スーパーとの一番の違いはおすすめを聞いたり味見させてもらえること

野菜や果物の
種類も多彩で
見てるだけでも
楽しいな
マルシェの野菜は
スーパーよりも
大きくて立派
…ですが
虫がいることも多いので
苦手な人は注意
ひゃー!!
洗おうとしたら
中にわさわさー!!
虫のついている
葉物野菜は一枚ずつ分けて
よく洗ってから
水をよくきって
サラダ1回分位で
まとめる
数枚ずつ
ジッパー付きポリ袋に入れて
冷蔵庫で保存すると
使うときも楽でいいです

パリは北の方なので虫は少ないかと思っていたら意外といました…

マルシェで買ったもの色々

プチトマト
Tomate Cerise

トマトは赤だけでなく
黄色や緑、黒など様々な
色のものが並んでいました。
プチトマトが
甘くて美味しかった。

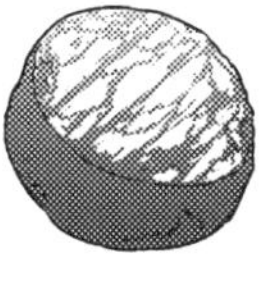

シェーブルチーズ
Fromages de Chévre

ヤギの乳のチーズ。
外側が黒いのは木炭粉を
まぶしているため。
スーパーのものより
風味が強くて美味しい。

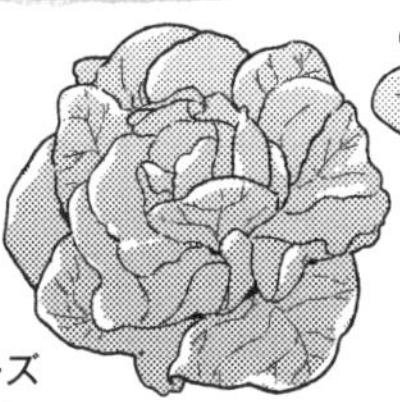

レタス
Laitue

サラダだけではなく
スープに入れても
美味しい。

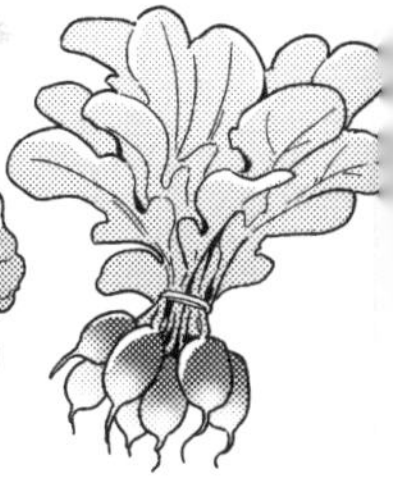

ラディッシュ
Radis

バターと塩を添えて
そのまま食べるのが
フランス流の食べ方と
教えてもらいました。

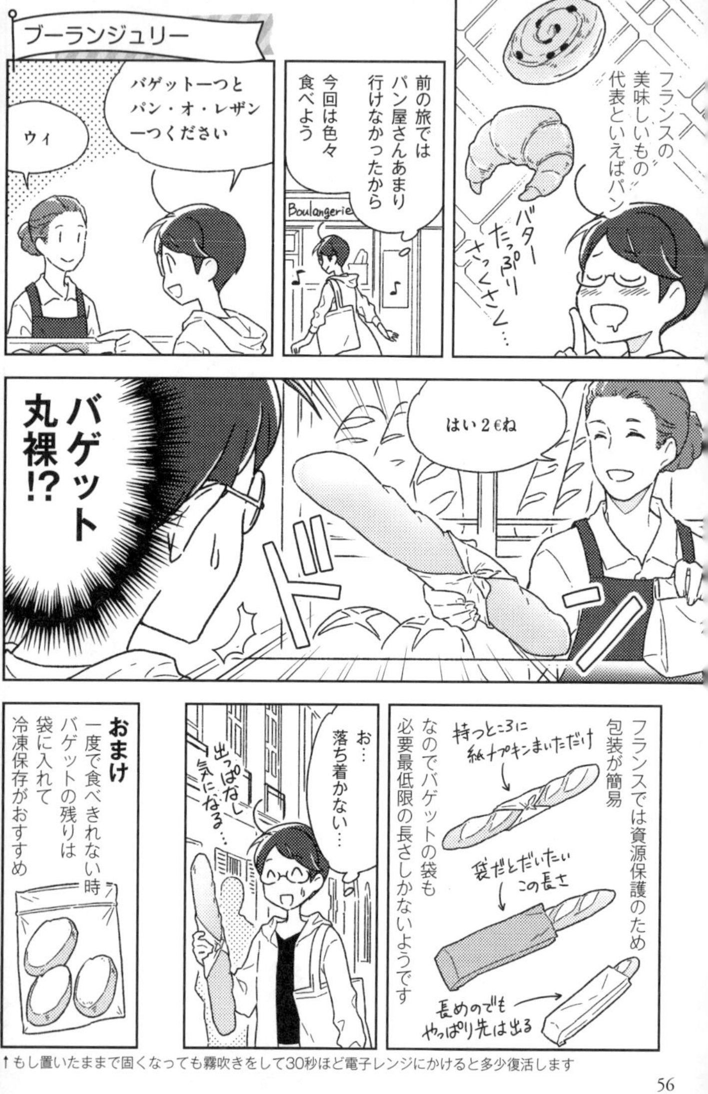

ブーランジュリー
フランスの美味しいもの代表といえばパン
バターたっぷりさっくさく…
前の旅ではパン屋さんあまり行けなかったから今回は色々食べよう
Boulangerie
バゲット一つとパン・オ・レザン一つください
ウィ
はい 2€ね
バゲット丸裸!?
フランスでは資源保護のため包装が簡易
持つところに紙ナプキンまいただけ
袋だとだいたいこの長さ
長めのでもやっぱり先は出る
なのでバゲットの袋も必要最低限の長さしかないようです
お…落ち着かない…
出っぱなし気になる…
おまけ
一度で食べきれない時バゲットの残りは袋に入れて冷凍保存がおすすめ

↑もし置いたままで固くなっても霧吹きをして30秒ほど電子レンジにかけると多少復活します

バゲット

焼きたてが一番おいしい朝に余裕があれば
パン屋さんに行って焼きたてを
食べてほしい…。

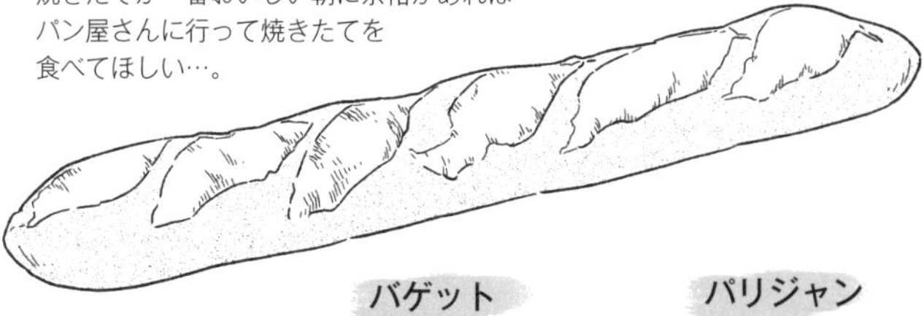

バゲット

スタンダードな
サイズ。
長さは60cm前後。

パリジャン

バゲットよりも
太くて長いタイプ。

バタール

バゲット
よりも短め。

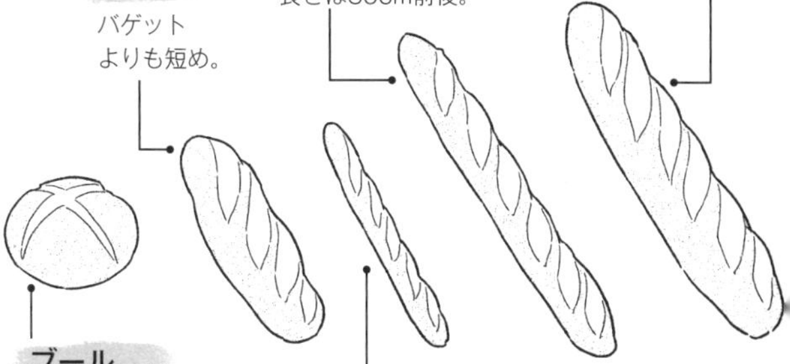

ブール

球体に
成形したタイプ。

フィセル

バゲットより
細いタイプ。

日本語では一括りにフランスパンと呼ばれる事が多いパン
フランスではサイズや形に応じて名前がついています
この5種のパン生地はぜんぶ同じ

パヴェ

パン屋さんが閉まった後に
スーパーのパンコーナーで
どれを買うか迷っていたら
通りすがりのおばあさんが
勧めてくれたパン。
パヴェはフランス語で「石畳」
という意味で、その名の通り
四角い形をしている。

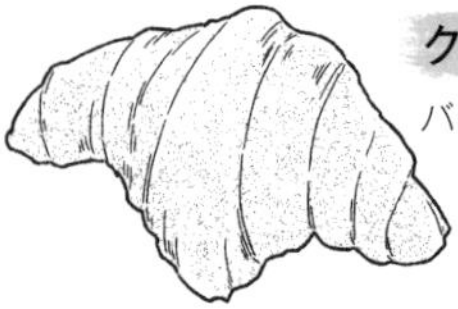

クロワッサン

バターたっぷり罪深い美味しさ。

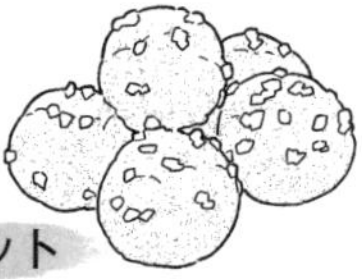

シューケット

一口サイズのシュー生地に
パールシュガーをまぶしたお菓子。
軽くて食べやすいのでぽいぽい
食べてしまう魔性の菓子。

レモンのガトーサブレ

厚めのクッキー生地に
レモンジャムを挟んだもの。
パンというよりお菓子。

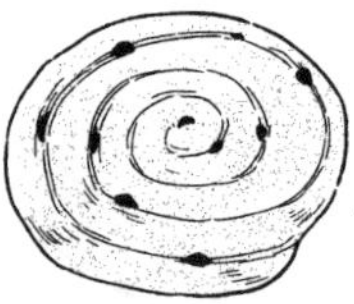

この2つはどの店に
行ってもある定番のパン

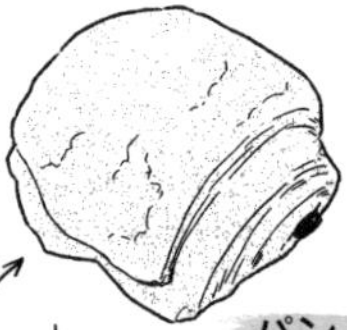

パン・オ・ショコラ

クロワッサン生地の
中央にチョコを包んで
焼いた菓子パン。
クロワッサン＋チョコが
美味しくないわけがない。

パン・オ・レザン

レーズンがたっぷり
入った菓子パン。

パン・ペルデュ（フレンチトースト）

卵、牛乳、砂糖を混ぜて卵液を作り、硬くなったバゲットをスライスしてひたす。
卵液が染み込んだらバターを多めに溶かしたフライパンで弱火でじっくりめに焼く。
両面がきつね色になったら完成。

フルーツやジャムを添えて食べると更に美味しい。

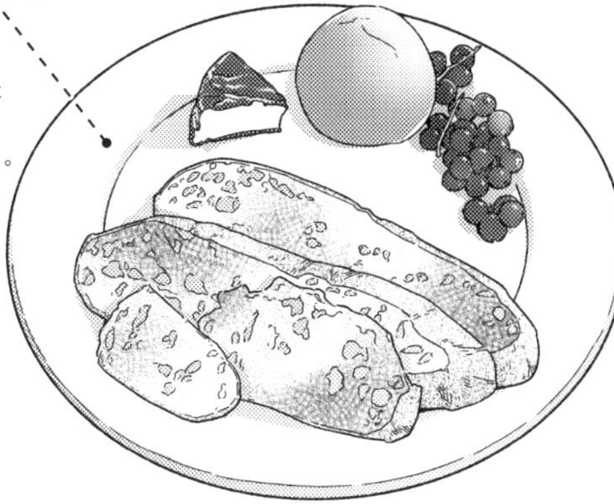

←カルフールで買ったチーズのハーブオイル漬け

クスクスサラダ

レタスは食べやすい大きさにちぎり、きゅうり、ミニトマトはさいの目に切る。
クスクス40gと同量の熱湯、オリーブオイル小さじ１と塩少々をボウルに入れて、ラップをして5分置く。

クスクスと野菜、ハーブオイル漬けのチーズとハーブオイルをボウルに入れて混ぜ、塩・胡椒で味を調える。

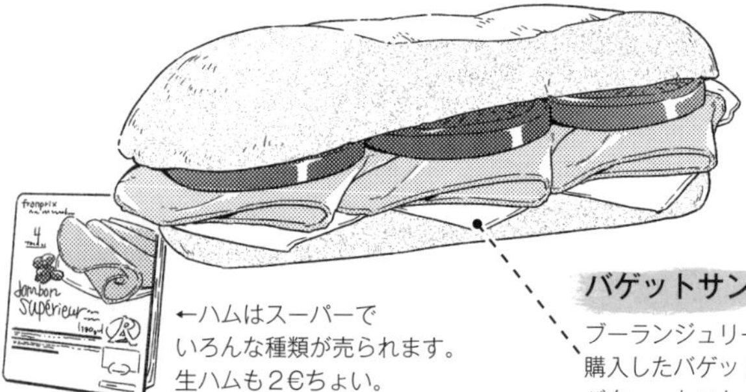

←ハムはスーパーで
いろんな種類が売られます。
生ハムも2€ちょい。

バゲットサンド

ブーランジュリーで購入したバゲットにバター、トマト、ハム、チーズを挟んで軽くハーブソルトをふるだけで立派な昼食の完成。

レンズ豆のスープ

玉ねぎ、にんじん、にんにくを
みじん切りにする。
オリーブオイルで
野菜を弱火で炒め、
きつね色になったら
水とブイヨン、汁気をきった
レンズ豆と塩・胡椒を加える。
10～15分ほど
くつくつ煮込んだら
完成。

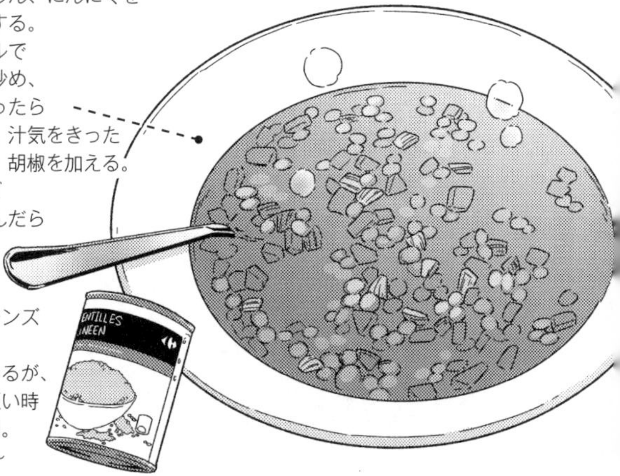

カルフールのレンズ豆水煮缶→
乾燥タイプもあるが、水煮缶の方が短い時間で作れて便利。
1缶0.56€(6～70円)。

豚肉とマッシュルームとじゃがいものソテー

一口大に切った豚肉とマッシュルーム、じゃがいもを炒めてからハーブソルトと胡椒で味付け。

七面鳥のトマト煮クスクス添え

←フランプリで買った瓶詰めのトマトソース。1瓶1€(120円)。

一口大に切った七面鳥とカブ、マッシュルームをオリーブオイルで炒めてから、瓶詰めのトマトソース半分とミニトマトを加えて10分ほど煮込む。塩、黒胡椒で味を調える。

クスクス75gと同量の熱湯、オリーブオイル大さじ1と塩小さじ1/2をボウルに入れて、ラップをして5分置く。

でき上がったクスクスとトマト煮を皿に盛りつけて、エメンタールチーズをかけて完成。

←エメンタール　ラペという細切りのチーズが溶けやすくて便利(ラペはフランス語ですりおろすという意味)。

初日に失敗したオムレツ（の残骸）

アパルトマンのキッチン

朝食のパン・ペルデュ（フレンチトースト）とサラダ

スーパーの野菜売り場。並べ方も日本のスーパーと違っていて面白い

ヒラタケ、アンズタケなどマルシェに並ぶたくさんのきのこ

自炊あれこれ

肉 *Viande*

フランスのスーパーに売っている肉類は
塊肉や骨つき肉、ステーキ用が主流。
日本のような牛や豚の薄切り肉は
見ませんでした。

↑若鶏(Poulet)の胸肉
316g / 3.63€

↓豚肉(Porc)
235g / 2.35€

どの肉も丸々一個は多いので
カットして数回に分けて
使用していました。

↓七面鳥の骨つきもも肉
(Cuisse de dinde)
798g / 3.73€
※骨つきなので安い
鶏肉よりもさっぱりした
味わいの肉でした。

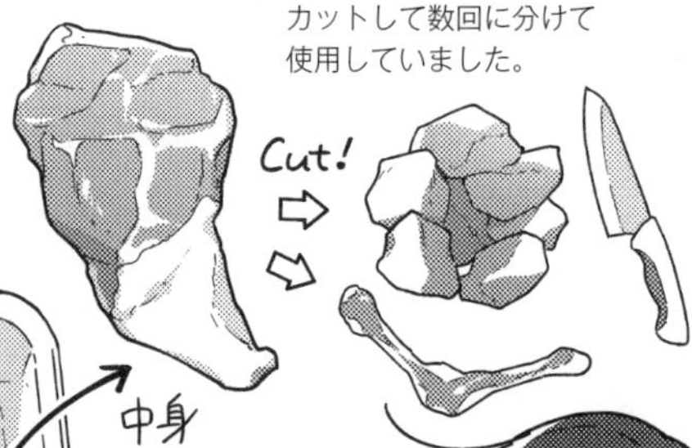

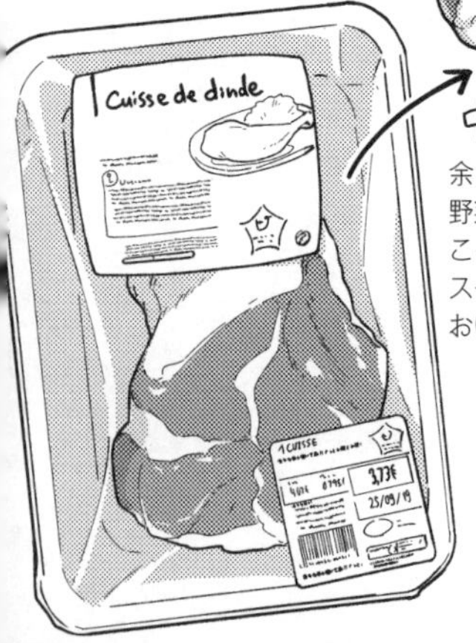

余った七面鳥の骨は
野菜と一緒に
ことこと煮込んで
スープにしたら
おいしかったです。

クスクス *Couscous*

あらびきの小麦粉を練って小さく丸め
粒状にしたクスクス。
元は北アフリカで生まれたもので
今はフランスでも
おなじみの食材。

茹で上がったら
スープをかけたり
サラダ仕立てにして
食べます。

中身
100g×5
フォークを通す穴
水切り用の小さな穴が
全体にあいている。
SACHET
PLUS FACILE
Tipiak
Couscous
Sachet Cuisson
Moelleux Garanti
5 SACHETS CUISSON
CUISSON PARFAITE en 1 MIN 30

便利!!
ザバー

中身はSachet Cuisson（調理用の小袋）という
ビニール袋で小分けにされています。
袋ごと茹でて、引き上げると水切りまで
できるという便利な包装にちょっと感動。

マッシュルーム *Champignon*

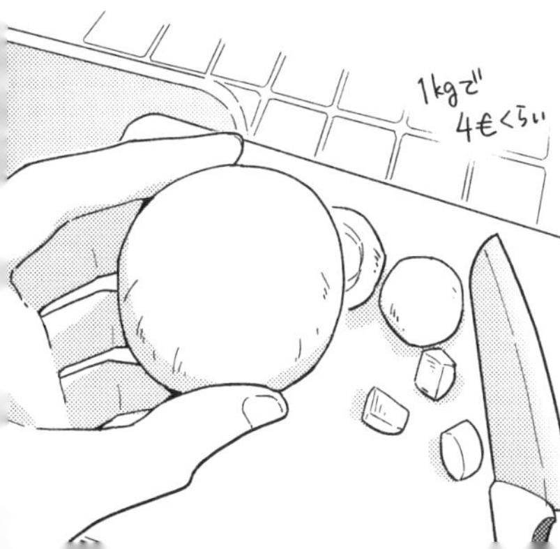
1kgで
4€くらい

うま〜

日本で買うものより
一回りくらい大きい。
オリーブオイルで炒めて
ハーブソルトをかけるだけ
美味しい。

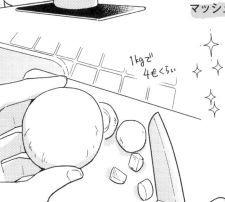

パリの公園や通りにたくさん落ちていた
マロニエの実の水彩スケッチ

Part3

パリの街歩き

パリ散歩MAP

パリ最大の墓地
ペール・ラシェーズ墓地は
この辺。

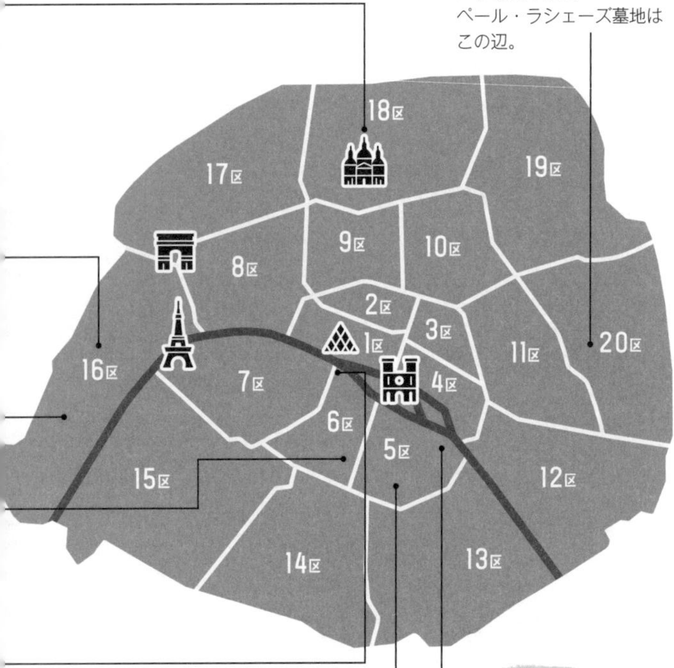
18区
17区
19区
9区
10区
8区
2区
3区
1区
16区
7区
4区
11区
20区
6区
5区
15区
12区
14区
13区

カルチェ・ラタン

滞在したアパルトマンはこの
辺り。ソルボンヌ大学の近く
でカルチェ・ラタンの界隈。
学生街なのでお店の物価もそ
れほど高くなく治安もそこそ
こ良い。

パリ植物園

パリ滞在時の散歩スポット
その1
自然史博物館や動物園もあ
るのでここで一日つぶせる。

モンマルトル

ルノワールやロートレックなど、あまたの芸術家が制作活動をしたことやムーラン・ルージュがある事で有名な地。歓楽街なので場所によってはやや治安が悪いため注意。昼間は観光客が多いのでスリなどに気をつけていればそこまで問題はないかと思います。
ミサンガの押し売りがいる事で有名なモンマルトルの丘の入り口など危ない場所、人気のない場所は避けて回りましょう。

パッシー地区

16区はいわゆる高級住宅街。建造物の細工が豪華で建物を見ながらの街歩きが楽しい。

16区の南の方にはアール・ヌーヴォーを代表する建築家ギマールの設計した建築物が数多く見られる。

リュクサンブール公園

パリ滞在時の散歩スポットその2
親子連れも多く安心してのんびり散歩が楽しめます。サン=シュルピス教会はこのすぐ近く。

エコール・デ・ボザール

17世紀に設立され印象派画家のドガも通ったパリ国立高等美術学校。周りにはギャラリーや画材店が集まっている。学校の門があるボナパルト通り沿いには画家エドゥアール・マネが生まれた家もある。

メトロ（地下鉄）
パリの街歩きに欠かせない移動手段がメトロです
METROPOLITAIN
市内に14路線通っていて駅の数は約３００!!
そして距離に関係なく全線均一料金
乗り方は日本の地下鉄と大体同じですが異なる点、注意点なども
*改札は切符を入れた後に自分でバーを押して入ります
*自動開閉タイプもあり
自分が乗る路線・行き先を確認してホームへ
M 1 Ch. de Vincennes
ヨシ!!
到着した車両のドアにハンドルがある場合は手動で開けて乗車
車内ではドア付近には留まらず奥の方へ行くようにしましょう
メトロには観光客を狙ったスリが多数います
奥に行った後も荷物をしっかり抱えて気を抜かないように
ギュッ
目的の駅で降りて外へ出ます
到着!

＊券売機、日本語表示はありませんが英語表示ができるので、購入はそこまで難しくないです

切符は1回券、1日乗車券
1～5日フリーパスなど
色々な種類があり
＊いずれも
駅の券売機で
購入できます
ナヴィゴ・イージーという
旅行者向けのチャージ式
ICカードもあります
こちらは初回のみ
窓口での購入が必要
エスカレーターなどは
少なく階段のみだったり
ストライキが多いなど
困った点も色々ですが
ここならではの
魅力的な
風景もあります
その一つが
駅構内で演奏する
ミュージシャン
素敵な歌や音楽に
先へ急ぐ足を止め
聞き入って
しまうことも
そしてホームの壁に
特徴的な装飾が
されている駅の数々
造幣局の最寄り駅である
ポンヌフ駅の7号線
ホームには壁や天井に
コインのモチーフ
ルーヴル＝リヴォリ駅の
1号線ホームには
ルーヴル美術館所蔵の
古代美術のレプリカ
駅まで
美術館みたい！
メトロでしか
見れない
パリの顔だなあ

街歩き
旅先での
一番の楽しみは
街歩き
窓辺の
色とりどりの
花を眺めたり
かわいい
通りかかった
古書店のワゴンを
物色したり
そこかしこにある
ストリートアートを
探してみたり
ドット絵の
ピカソだー

このピカソはインベーダー（フランスのストリート・アーティスト）の作品

見るものが多くて
目移りしてしまう
パリの街
キョロ
キョロ
その中でも
特に好きなのが…
サン＝シュルピス
教会だ!!
でっかーい
そう
教会です

お邪魔します
ひょい
わ!!
さすがノートルダムに次いでパリで二番目に大きい教会…
身廊《しんろう》の天井高いなあ
ん?
これは…なんだろう?
Eauは水だけど……
Béniteは…?
EAU BENITE
辞書をひいてみると聖水入れと判明
初めて見た!!

Eau benite＝聖水

聖水といえば ここの聖水盤は どんなかな
↓これはモンマルトルのサクレ=クール寺院の聖水盤
聖水盤というのは 入り口付近にある 聖水を入れておく器
信徒は 教会に入る時に 聖水に指を浸して 十字を切ります
教会ごとにデザイン色々あって楽しい
わ！ 立派！
※心の声
貝の部分は 本物だ
16世紀に ヴェネツィア共和国が フランス国王に贈った オオシャコの貝殻を 18世紀の彫刻家 *ジャン＝バティスト・ピガールが聖水盤に 仕立てたのか…

*歓楽街として有名なピガール通りの名の由来でもある人（通りの坂下に住んでいた）。

教会はそこかしこに 見知らぬものが あって楽しいなあ
画像翻訳アプリ 拾い読みに便利
そして この教会で 特に有名なのが
ウジェーヌ・ ドラクロワの フレスコ画!!
迫力が すごいな…

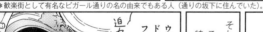

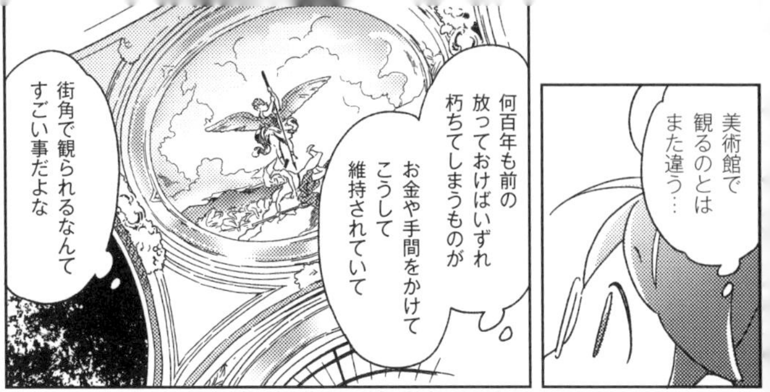

美術館で観るのとはまた違う…
何百年も前の放っておけばいずれ朽ちてしまうものが
お金や手間をかけてこうして維持されていて
街角で観られるなんてすごい事だよな

ウジェーヌ・ドラクロワ《悪魔を撃つ大天使ミカエル》1856

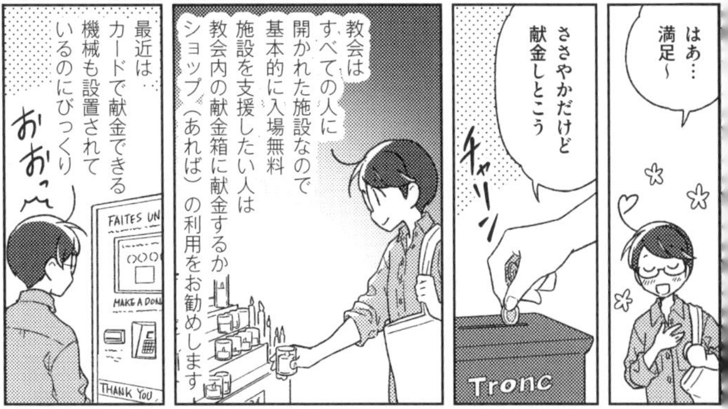

はぁ…満足～
ささやかだけど献金しとこう
チャリン
Tronc
教会はすべての人に開かれた施設なので基本的に入場無料
施設を支援したい人は教会内の献金箱に献金するかショップ（あれば）の利用をお勧めします
最近はカードで献金できる機械も設置されているのにびっくり
おおっ
FAITES UN
MAKE A DON
THANK YOU

↑ろうそくを奉納するのもよいです（小さいのだと一個1～2€から）

そして教会以外の大きな楽しみがもう一つ
あった!!
それは建物についているプレート

献金箱（Tronc）は教会以外の入場料無料の施設（パリ市営の美術館や墓地など）にもあります。

文化人や政治家など歴史に名を残した人の住居やアトリエにはこんな印がついています
この家にはカミーユ・デムーランが1782年から94年3月30日に逮捕されるまで住んでいた
DANS CEETE MAISON
CAMILLE DESMOULINS
1760 - 1794
HABITA DE 1782
JUSQU'A SON ARRESTATION
LE 30 MARS 1794
(22 rue de l'Odeon)
74
小説家ヘミングウェイが住んでいたアパート(74 rue du Cardinal Lemoine)
事前に調べて行ってもいいし
街歩きのついでにプレート探しも楽しいです
画家ドラクロワの住居兼アトリエ(6 Rue de Furstemberg)
は〜〜
大半は現役の住居だから中には入れないけど
外観見るだけでもたまらないなあ
このドラクロワの住居バジールとモネのアトリエもあったんだよね…
プレートと同じく街中で見つけると楽しいのが「Histoire de Paris」
パリ各所のモニュメントの歴史が記されている案内板です
船をこぐオールの形がモチーフになってるよ
(パリ市の紋章が帆船なので)
歴史ある街パリ
RUE de
案内板見っけ!!
何度歩いても新しい発見と出会いがあります

ここはドラクロワ美術館として中も公開されています

アパルトマンの窓には彩りよく虫除け効果もあるゼラニウムがよく置かれている。

大きすぎて写真のフレームに収まらないサン＝シュルピス教会。

パリ16区のパッシー墓地にある献金箱（Tronc）。献金はパリ市の社会扶助に使用される。

ピエール・アレシンスキーの壁画。パリの街や建物にはアートが溢れている。

ヴァラスの噴水

パリの街中には多くの無料水飲み場があります
ペットボトル空になったし補給しよう
あれ？押せない…
別のボタンがあるのかな？
ぐっ
ぐっ
Hey!
もっと!!
ぐーっと押して!!
出た!!
ザバー
Thank you!

モンマルトルのエミール・グードー広場の水飲み場、すごくボタンが固かった…

パリの街中で見かける、この「ヴァラスの噴水」と呼ばれる水飲み場は19世紀末に設置されたものです。
当時、パリでは普仏戦争で多くの水道橋が破壊され、水の価格が高騰しました。そこで篤志家の英国人リチャード・ウォレス（フランス語読みはリシャール・ヴァラス）は水を買えない人々のために、公共の水飲み場をパリの各地に設置することを提案し、資金を全て出しました。
特徴的なデザインは、美術コレクターでもあったウォレスによるもの。

1952年までは台座に錫製のコップがついていました（今は取り外されています）。

※ちなみにウォレスの美術コレクションはウォレスコレクションとして今でもロンドンに残っている（世界でも有名な美術コレクションの一つ）。

パリ豆知識

8e Arr!
AVENUE
DES
CHAMPS ELYSÉES

Arrはarrondissment
（区）の略称。
パリの何区かを示しています。

パリの街歩きで
役に立つのが
通りの標識の見方
これを知っておくと
自分の現在地が
すぐわかります

ここには通りの名称が書かれています（パリはどんなに短い通りでも全て名前があります）。
Avenueというのは「並木を備えた大通り」、Champs-Elyseesは「シャンゼリゼ」なのでこの看板を見れば、現在はパリ8区のシャンゼリゼ大通りという事がわかります。

RUE
ACAR

パリ16区のエクトール・ギマールによるアール・ヌーヴォー建築の建物にはこんな美しい標識も。
カステル・ヴェランジェから歩いて２分位のアガール通り。
４番地の集合住宅で見られます。

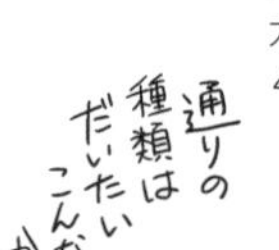
通りの
種類は
だいたい
こんな
かんじ

Rue →普通の通り
Avenue →並木を備えた大通り
Boulevard →幅広の大通り
Place →広場
Quai →川沿いの通り
Impasse →袋小路
Passage →歩行者専用の細い路地

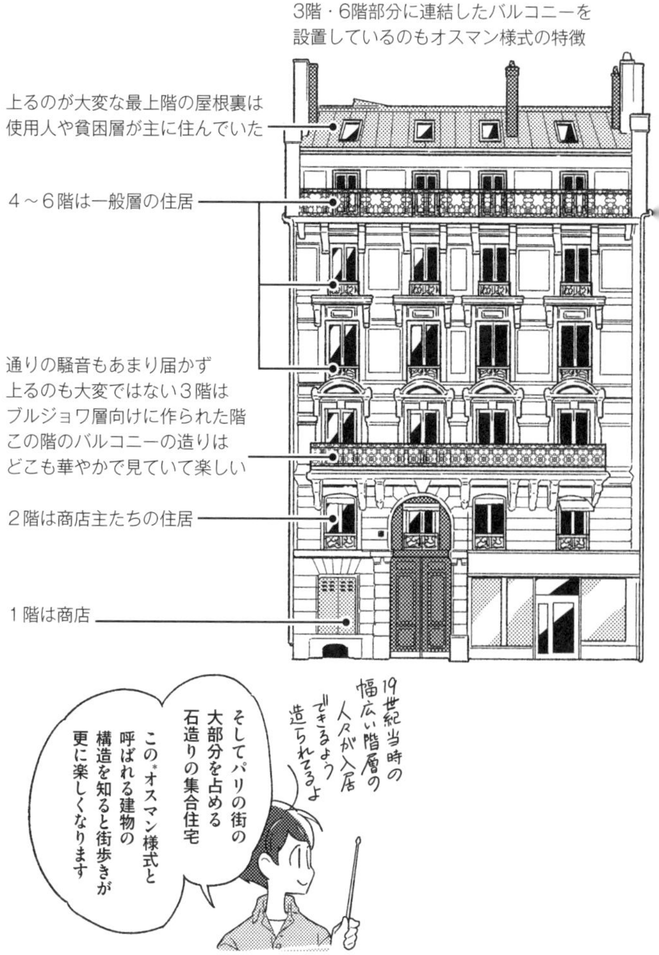
3階・6階部分に連結したバルコニーを
設置しているのもオスマン様式の特徴
上るのが大変な最上階の屋根裏は
使用人や貧困層が主に住んでいた
4～6階は一般層の住居
通りの騒音もあまり届かず
上るのも大変ではない3階は
ブルジョワ層向けに作られた階
この階のバルコニーの造りは
どこも華やかで見ていて楽しい
2階は商店主たちの住居
1階は商店
19世紀当時の幅広い階層の人々が入居できるよう造られてるよ
そしてパリの街の大部分を占める石造りの集合住宅
この*オスマン様式と呼ばれる建物の構造を知ると街歩きが更に楽しくなります

＊19世紀半ば、セーヌ県の知事ジョルジュ・オスマンが推進した大規模な都市改造で建てられた建築様

パリの公園

パリを散歩すると必ず見るもの それは教会と…
公園!!
4区・ヴォージュ広場
パリ市内には大小合わせて数百の公園があるんです
どの公園も緑が豊かで整備されていて人々の憩いの場となっています
また公園ごとに特色も異なり様々な見所や楽しみ方があります
花壇や彫刻を眺めて楽しんだり
ほー
はー
パリの人たちと同じように芝生の上で日光浴したり
ベンチに座って昼食やおやつを食べたり…など
もぐ もぐ
ここからはお気に入りの公園をいくつか紹介します

6区・リュクサンブール公園
まずは リュクサンブール公園
元々は17世紀に建てられた リュクサンブール宮殿の 庭園として造園されました
東京ドーム約5個分の 広い園内には 百体以上の彫刻があり さながら野外美術館！
公園の西の端にある 「自由の女神像」は ニューヨークの女神像の 原型となったもの
ほー
他にもデッサンや ブールデルの彫刻もあり 散歩しつつ探すのも 楽しいです
しかし この公園
どこ行っても 日光浴や 読書してる人 多いな～
そんなに いいか？
タオル しいて…
試しに 自分も やってみよ
あ…
ポカ
気持ちいい～
ポカ
は～ 満足!!

→ちなみに敷地内に美術館（リュクサンブール美術館）もあります

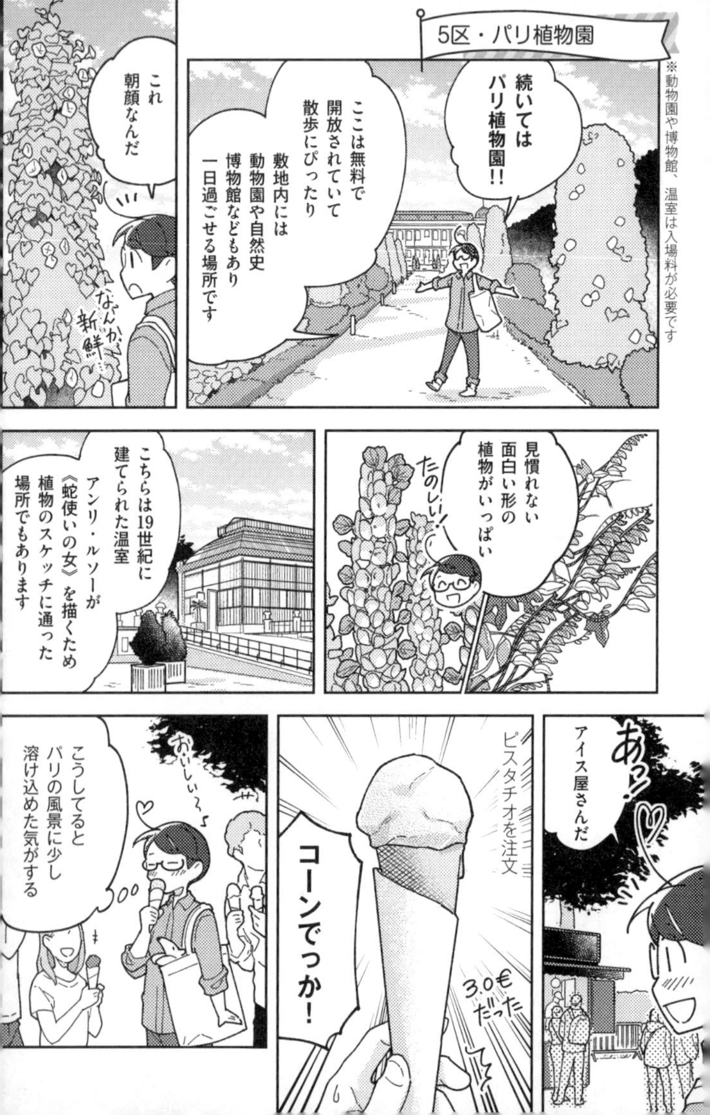
5区・パリ植物園
続いては
パリ植物園!!
ここは無料で
開放されていて
散歩にぴったり
敷地内には
動物園や自然史
博物館などもあり
一日過ごせる場所です
※動物園や博物館、温室は入場料が必要です
これ
朝顔なんだ
なんか新鮮…
見慣れない
面白い形の
植物がいっぱい
たのしい!
こちらは19世紀に
建てられた温室
アンリ・ルソーが
《蛇使いの女》を描くため
植物のスケッチに通った
場所でもあります
あっ!
アイス屋さんだ
ピスタチオを注文
コーンでっか!
3.0€だった
おいしい～
こうしてると
パリの風景に少し
溶け込めた気がする

8区・ルイ16世広場
最後は前2つと比べてぐっと小さな公園ルイ16世広場です
フランス革命で処刑された国王ルイ16世と妻のアントワネットが埋葬された場所で
公園の中には贖罪礼拝堂が立っています
ミュージアムパスで入場し中へ入ると
綺麗な白薔薇の小道！
あれが礼拝堂か
中には対の美しい国王夫妻の彫像
二人が埋葬された場所を示す地下祭壇など
フランスの歴史好きには興味深い場所です
街中の小さな公園にも歴史が詰まっているんだな
パリっ面白いなぁ…

焼き栗売り
秋から冬の パリの風物詩
通りの 焼き栗売り
パリの焼き栗! 一度食べてみたかったんだ!
9月から出てるんだ
焼き栗 ください
小さいの!
3€ね
ほっ
merci!
ほっ
日本の甘栗に比べて随分焦げてるな~
大丈夫かな…
ぱくっ
もぐ
ん!
でも中はほくほく!!
もぐ

パリの焼き栗は
甘栗と違って
素朴な甘さだな
もぐ
もぐ
焼き方が
違うから？
それとも
栗の種類…
!?
ボトッ
マロニエの
実か
コロ…
今の時期
パリの通りや公園に
すごい落ちてるなー
実が栗そっくり
なんだよね
こっちは
ほぼそっくり
イガの形がちょっとちがう
……
もしかして
これ…
いやいや
ないない
もぐ
もぐ
帰宅してから
検索
marron
（マロン）
chataigne
（シャテーニュ）
marronier
（マロニエ）の実
和名は『西洋トチノキ』
栗に似ているし
実の名前はマロンだが
栗ではない。
弱いが毒性がある。
chataignier
（シャテニェ）の実
和名は『栗』
もちろん食用
やっぱり
別物だった
ホッ
じゃあなんで
栗味＝マロンなの？
と更に調べたら
栗の実は小粒なら
＊『シャテーニュ』
大粒なら『マロン』
呼び名が変わるそうです
と
フランス語
ややこしいな…

＊シャテーニュとマロンの違いには色々細かい定義があるそうですが、ここではすごく大雑把にわけました

画材店

SENNELIER
ARTS

今回の旅はとにかく散歩と美術館巡りがしたかったのでそれ以外のお店はほぼノーチェック
通りがかって気になった所に入るだけ…
そんな中、唯一行こうと決めていたのが画材店
ここ行こう!!
ここも!
グーグルマップにチェック中
行った中でも印象的なお店をいくつか紹介します

セヌリエ

Magasin Sennelier

3 Quai Voltaire,75007 Paris
1887年創業の老舗画材店。ピカソの依頼を受けてオイルパステルを作った事でも有名。エコール・デ・ボザールやルーヴル美術館のすぐ近くの有名店なので学生以外に観光客も多い。

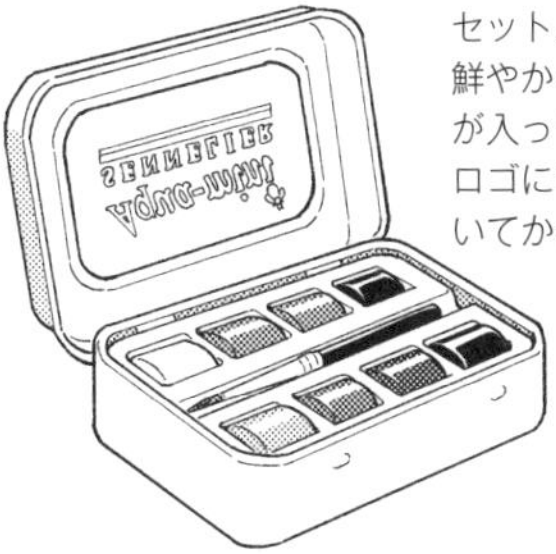

ここで購入した固形水彩絵の具8色
セット。セヌリエの水彩絵の具には
鮮やかな発色と防腐効果のため蜂蜜
が入っている。
ロゴにも蜂がちょこんとくっついて
いてかわいい。17€くらい。

店内は隅から隅まで
画材でいっぱい！
カウンター後ろの顔料が
つまった棚が美しい

上の階にはキャンバスや
イーゼル、岩絵具なども

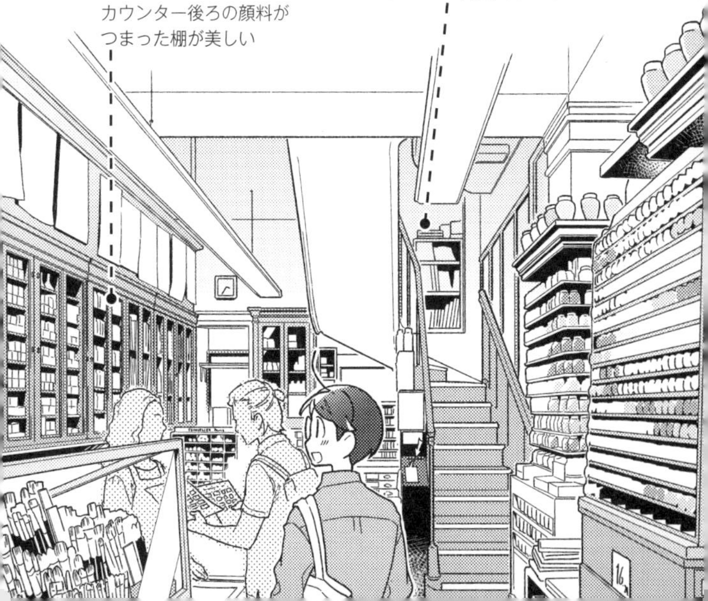

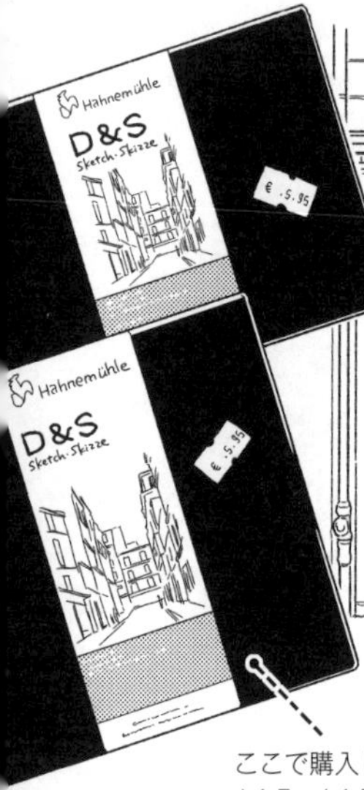

ここで購入した
14.5×14.5cmの
スケッチブック
1冊6€弱

ショーウィンドウのディスプレイにも
お店の個性が出ていて楽しい

エスキース
Esquisse

3 Rue des Beaux Arts,75006 Paris
ここもセヌリエ同様エコール・デ・ボザールの近くの画材店。店名のエスキースは下絵、素描の意味。薄暗く静かな店内でゆっくり画材を見れて楽しかった。

ガッシュ
Gouache

39 Rue du Cherche-Midi,75006 Paris
こぢんまりしている綺麗な画材店。行った時は若い学生さんで賑わっていた。ここは通りすがりで入った所だけど、店員さんの対応が親切でよかったです。

絵の具類はカウンターの後ろに
在庫が置かれている
DESSIN
BEAUX ARTS
GOUACHE
絵の具が欲しい時は店員さんに
色見本帳を見せてもらって選びます。
手持ちの絵の具セットで
足りなかった色を購入
ウィンザー＆ニュートンの
水彩絵具一個７€弱

日本への絵葉書
フランスでしたかった事の一つ日本に絵葉書を送ること
綺麗な切手で送りたいな…
検索…
ここよさそう！
というわけでオペラ座近くのル・カレ・ダンクルへ
文房具がたくさん！
Le Carré d'Encre
13bis Rue des Mathurins, 75009 Paris
ここはフランスの郵便局が運営する切手と文具の店
店の奥へ進むと立派な切手の販売カウンターが
日本宛の切手ください
1.3€だね ここの切手がそうだよ
これにしよう！
いいチョイスだね
C'est un bon choix!
担当の方も優しく大満足のお店でした
FRANCE 1,30 €
1969 PREMIER PAS
2019 DE L'HOMME SUR LA LUNE
←月面着陸50周年の切手

FRANCE
1,30 €
PREMIER PAS
2019
SUR LA LUNE
FRANCE
LA POSTE
囃子屋　たく様
神奈川県横浜市××区
××町×××
123-4567
Japon
Par Avion

宛先の書き

フランスから日本へ手紙や
葉書を出すときは

「Par Avion」（国際郵便
「JAPON」（日本）

この２つをしっかり書けば
都道府県から先の住所は
日本語で大丈夫です！

1.3€は2019年時点での料金で
フランスでは毎年1月1日に
郵便料金の改定があるので
送るときは必ず郵便局で料金を
確認しましょう。

絵葉書は美術館のミュージアムショップや文房具店などで購入しました。
ル・カレ・ダンクルにもたくさんの絵葉書があったのでここで選んで出すのも楽しそうで

POSTES
フランスの
郵便ポストは
鮮やかな黄色
街中でもすぐに
見つけられます

←壁掛け式の郵便ポスト

パリのポスト

ポストには基本的に投入口が２つあり
左側がパリ市内、パリ近郊宛
右側がそれ以外の地方、他国宛と
なっています。

↓街角に立っている郵便ポスト

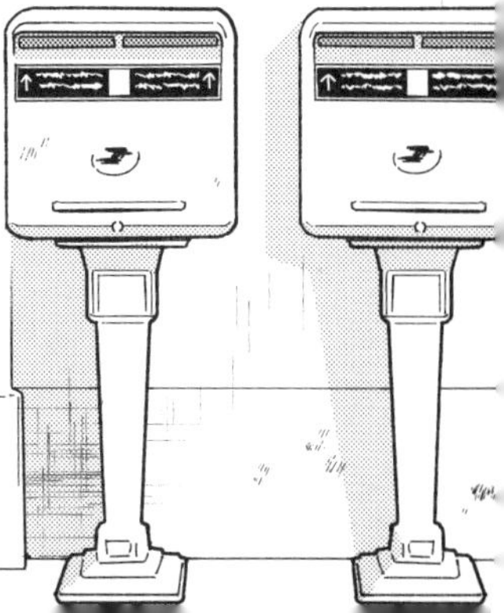

パンテオンの水彩スケッチ

Part 4

パリの美術館巡り

パリの美術館巡りの便利アイテム

ナヴィゴ・デクヴェルト

Navigo Découverte

パリ市内、近郊の地下鉄、RER、バス、トラムが乗り放題の
交通ICカード。ICカードを購入してから1年、1ヶ月、1週間の
期間分チャージして使います。パリの美術館巡りには地下鉄や
バスの利用が不可欠なのでこれがあると、とても便利です。
料金は1週間で22.80€、1ヶ月75.20€。ICカード発行料金は5€でした。
ICカードはパリの主要駅の窓口で購入できます（チャージは券売機でもOK）。

片道10.30€のCDG空港～
オペラ座へのバスも乗り放題の
対象なので、自力の移動が
多い方にはお得でおすすめです！
移動が多くない方はメトロの
回数券を購入した方がいいかも。

<注意>
チャージ期間は購入日から
7日間ではなく
1週間は月曜から日曜まで、
1ヶ月は1日～月末までと
固定されています。

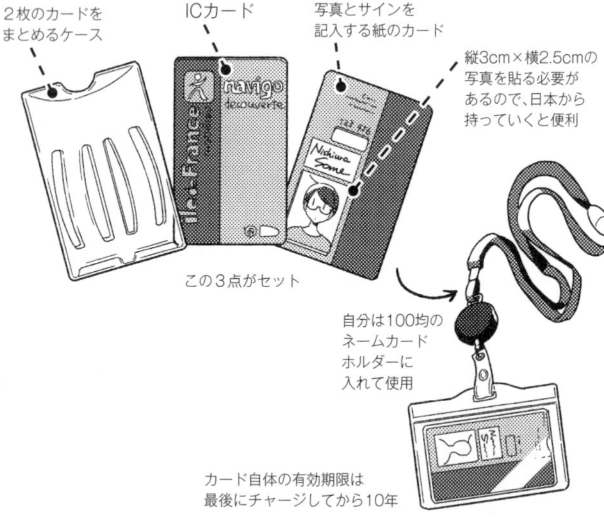

2枚のカードを
まとめるケース
ICカード
写真とサインを
記入する紙のカード
縦3cm×横2.5cmの
写真を貼る必要が
あるので、日本から
持っていくと便利
navigo
découverte
この3点がセット
自分は100均の
ネームカード
ホルダーに
入れて使用
カード自体の有効期限は
最後にチャージしてから10年

オフラインでも使えるマップアプリ

方向音痴の必須アイテム。道に迷った時の確認用。
自分はmaps.meを使用していました。

パリ・ミュージアムパス

Paris Museum Pass

パリとその近郊の50以上の美術館や教会、城館などの施設に無料で入場できるパス。
期間が2日(48€)、4日(62€)、6日(74€)の3種類。
ルーヴル地下の売店や空港で購入できます。
お高くなりますが日本からでも通販で購入可能。
一つの美術館をじっくり観たい人は個別のチケットの方がよいですが、短期間で色々な美術館を巡りたい人にはぴったり。

チケットの列に
並ばずに済むのも利点!
ルーヴル美術館はパスを持っていても
事前にネットから入場予約が
必要です
PARIS MUSEUM PASS

開くとパスが使える美術館の
マップとリスト
(仏語と英語)

※これらの情報は2019年9月のものです

持ち物

忘れ物の多いうっかり者の味方
セキュリティポーチ

出し入れしない
貴重品はここに
まとめる

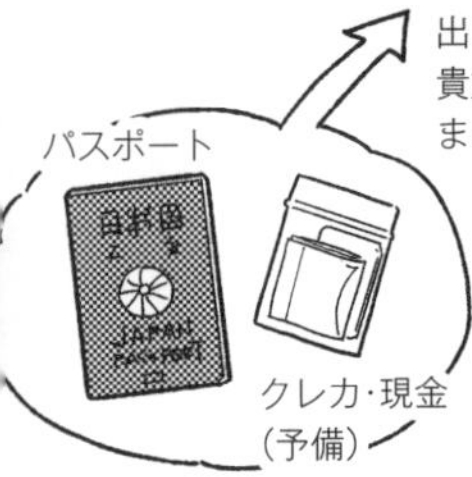

ポーチは服の下
ウエスト部分に
常につけています

アパートの鍵

iPhone SE
ガイドブックは重いので
必要なページをスマホで
撮影しておきます。
パリはスリが多いので
財布や携帯、鍵などは
カバンや服に
繋いでいました。

一日2万歩くらい歩くので
スニーカーが必須

水 500ml
ペットボトル

スーパーで6本セット
1.5€くらいのものを
買ってばらすのが
一番安上がり

ウエット
ティッシュとハンカチ

メモ帳
その日やる事を書いたり
気になる事をメモしておいたり

ジッパー付き
ビニールケース(A5)

チケットやレシート
チラシなどを入れる用

固形水彩(18色)
サクラクレパスの
プチカラー。
外でのお絵かき用。

ミュージアムパス
(6日分)

モバイル
バッテリー

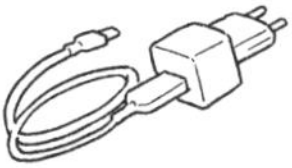

充電ケーブル
＋変換プラグ

ターレンス
スケッチブック(A5)

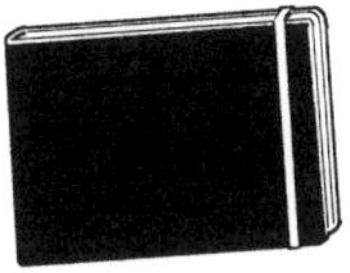

表紙が硬くて
外でも描きやすい

アリクイぬい

水筆ペン

鉛筆

練り
消し

navigo

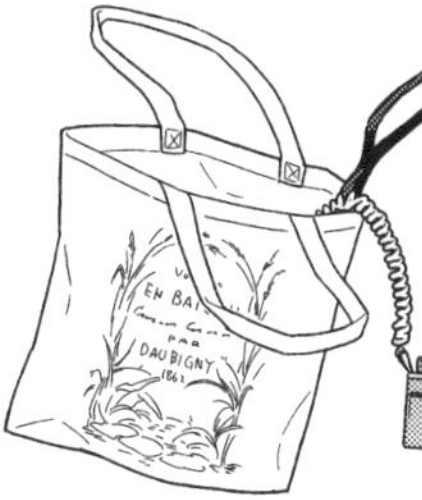

小銭とクレカ

キャンバストート

ドービニー展で買ったもの。
サブバッグのつもりが
ぽんぽん投げ込めるのが楽で
いつしかメインバッグに。

オルセー美術館の入場列。印象派やポスト印象派の有名作が揃っているだけあって、いつ行っても本当に人が多い

モネの《印象、日の出》

マルモッタン美術館の外観

美術館巡りの記録①
パリの西側
高級住宅地として
知られる16区
Paris
この辺に
来るのは
初めてだ
METRO
さすが
高級住宅街
建物が
他の区よりも
豪華だなあ
すご〜
9/8　マルモッタン・モネ美術館
そんな街中に
あるのが
90点近くもの
クロード・モネの作品を
所蔵するこの美術館
4年前の旅行では
時間が足りなくて
来られなかったけど
ようやく
来れた〜!!
MUSÉE
MARMOT
MONET
受付でチケットを
購入して入館
チケット
1枚
はい
今は企画展が
展示替え中で
常設展示のみとの事
中へ進むと…
ちょっと
残念…

食堂にシスレーや
ルノワールの絵が
展示されてる！
ふんいきある～!!
この建物は元々は
収集家ポール・
マルモッタンの邸宅
絵画と一緒に彼が集めた
ナポレオン時代の
家具も展示されています
PAUL MARMOTTAN
1858 – 1933
-1F
邸宅の1・2階が
家具と絵画で
増設された
地下がモネの絵の
フロアなのか
わぁ！
常設展示で
こんなに
モネの絵が！
ここの目玉は
何と言ってもモネの
《印象・日の出》
「印象派」の名前の
由来となった
近代絵画史上
重要な作品です

前に東京に来たモネ展で一度観たけど
この落ち着いた空気の中だと作品にじっくり浸って観れるなあ
Cheese!
ふふ
嬉しそう
行ったのは日曜でしたが人も多くなく
それぞれがゆったりと絵を楽しんでいる雰囲気がとてもよかったです
モネを満喫してから2階のベルト・モリゾの絵のフロアへ
マネの絵のモデルとしても有名
好きな画家の絵で埋め尽くされた空間でぼんやり…
ほわ
幸せ…

オルセー美術館のベルト・モリゾ展に作品をいくつか貸し出しているため
ここにない作品もありましたがそれでも十分満足
来てよかった…
他にもマネの描いたモリゾの肖像画
モネの師ブーダンの水彩画などもあり
印象派好きなら行って損はありません
好きな作品
出口前
受付のお姉さん
いつもならさよならって言って出るけど…
邪魔しないほうがいいか
ぺこ
ありがとう
よい一日を！
ニコッ
Merci. Bonne journée!
最後まで温かい気持ちで過ごせた美術館でした

↑《横たわるベルト・モリゾの肖像》エドゥアール・マネ

《クロード・モネ夫人の肖像》オーギュスト・ルノワール

《リンゴの木で》ベルト・モリゾ

今日は4年振りのオルセー美術館!!
ミュージアムパス持ってるから並ぶのは入り口Cの列か
入り口A（チケ無）
入り口C（チケ有）
美術館内
※オルセーはチケットの有無で入り口が分かれています
前回来た時は午後からで時間足りなかったから早めに入ってたっぷり観よう
※現在　午前11時
テク
テク
……
テク
テク
列が長い!!
もう開館してるのに…
ズラーッ
※チケ無し列は更に長い
9/17　オルセー美術館
いつ来ても大人気
19世紀フランス美術の名作を数多く所蔵するのがここ

チケ有り列で入場まで40分…
さすがオルセー……
ヨロ…
まずはベルト・モリゾ展の展示室！
1,2,3
Berthe Morisot
e Morisot
おわっ
この週で展示終了ということもあり大盛況
ガヤ
ガヤ
マルモッタンで観れなかったのもあった!!
《自画像》
《庭のウジェーヌ・マネと娘》
《夢見るジュリー》
《自画像》観たかったんだー
充実の展示に満足して展示室を出ると
ホク
ホク
ん
オルセーの大時計!!

あれ見ると
オルセー来たって
実感湧くな
エスカレーターで
5階へ上ると
オルセーで
一番人気の
印象派・ポスト印象派が
中心のフロア
ここの展示は
名画ばかりで
あっちこっち
目移りして
しまいます
美術に詳しくない人でも
「これ知ってる!」と
いう絵が必ずあるはず
家族や友達と
来てる人が
多い…
キャッ
キャ
囃子屋さんも
一緒に来れれば
よかったけど
さすがに
一ヶ月は
会社
休めない…
ん――
ちょっと
寂しいなあ

5階の後は
1、2階の絵画や
家具を観て
おお〜
エクトール・ギマールの
コンサートホールチェア
クールベ
《世界の起源》
最後は1階中央の
彫刻フロアへ
そろそろ
ご飯食べて
次の所に…
ん?
スケッチ
してる
*フランスの
美術館では館内の
スケッチや模写は
基本的に自由
油絵の具の模写も
申請して許可を
もらえばできます
＊例外、使用不可な画材もあるので各施設の規定を確認してください
パラ
せっかくだし
自分も
描こう
ごはんは
あとで
いいや
一人旅は
少し寂しい
けど
自由で
楽しい

9/18　ルーヴル美術館
ルーヴル地下にてミュージアムパス購入
パスでルーヴルに入る時は事前にネットで予約してくださいね
システム変わったので
めんどいな～
美術館はぶらっと行くのが好きなんだけど…
昔はパスだけで優先入場できたのに
明日の11時半pdfを保存して…これを見せればいいのか
LOUVRE
11:30
翌日　11時20分　美術館入り口
ズラ～ッ
予約の意味は!?
仕方ない並ぶか最後尾は…
…ん？
予約済みの人はこちら
ガラ～
5分後
全然並ばず入れた!! 予約最高!!
手のひら返しがひどい

入館してまず
向かったのは
ドゥノン翼2階
サモトラケの
ニケ!!

ミロのヴィーナス
《モナ・リザ》と並び
ルーヴルの至宝と
言われるニケ像
現物で観ると
感動もひとしおです
どこから
見ても
美しい…

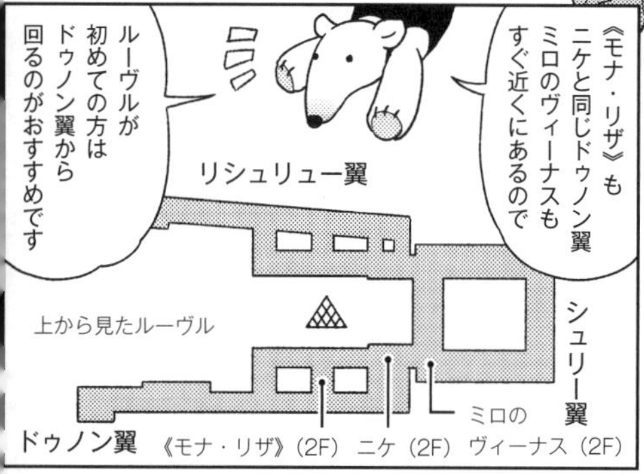
《モナ・リザ》も
ニケと同じドゥノン翼
ミロのヴィーナスも
すぐ近くにあるので
ルーヴルが
初めての方は
ドゥノン翼から
回るのがおすすめです
リシュリュー翼
上から見たルーヴル
シュリー翼
ドゥノン翼
《モナ・リザ》(2F)
ニケ (2F)
ミロの
ヴィーナス (2F)

《モナ・リザ》は
前に観たし
人が多いので
今回はスルー
ゾロ
ゾロ
DENON 1er étage
La Joconde
(Monna Lisa)
そのまま2階の
フランス絵画の
展示室へ進みます

※展示場所は変更することもあるので注意

ここにはダヴィッドの《ナポレオン一世の戴冠式と皇妃ジョセフィーヌの戴冠》が
629×926㎝という巨大なカンバスに描かれた戴冠式の様子に圧倒されます
他にもドラクロワの《民衆を導く自由の女神》ジェリコーの《メデューズ号の筏》など
有名作を一通り観てから
階段で上の階へ
シュリー翼3階のフランス絵画展示室には
数は少ないですが印象派のコーナーも
人の多いルーヴルでも
この辺りは空いてて
ゆっくり観れるのがいいんだよね
絵画を観たら次に向かうのはリシュリュー翼2階

ここは工芸品の展示室
ルイ14世から16世までそれぞれの治世の生活様式を再現した展示室が続きます
ルイ14世の間
アントワネットの居室
繊細な細工が施された工芸品の数々が見ものです
奥にはナポレオン3世のアパルトマンが
おお…
廊下の時点でキラキラしている…
第二帝政様式の豪華な装飾芸術に彩られた部屋は圧巻
ナポレオン3世とウジェニー

17～19世紀のフランス史好きにはたまらない場所です
ああ〜
全部の部屋の3Dデータ欲しい…
写真とってもとっても足りない…
とはいえ華美な装飾続きで目がチカチカしてきた…
地下の素描・版画室行こう
シュリー翼 地下1階 素描・版画室
素描とは?
絵画の習作や下絵練習として紙に鉛筆やコンテ、インクなどで描かれた絵のこと
絵画の設計図とも言えるそれは完成された作品とはまた違った魅力を放っています
素描大好き!!
ラフなのに無駄な線がない…うまい人の素描は目の保養だなあ…
は〜
満足…
おっと
もう17時半か
タッ
そろそろあそこに行こう
シュリー翼 1階 ギリシア彫刻展示室

ルーヴル地下の城塞遺跡

この辺で
いいかな
ルーヴルで
彫刻のスケッチ
憧れてたん
だよね～
黙々
う～ん
目の前にあるもの
描くのって
難しいな～！
*今日は
夜間開館日だから
あと3時間は
描けるし
もっと色々
描いてみよう
18:05
18時過ぎると
かなり観光客が
減るなあ
ヴィーナスの
周りも
静か…
でも同じように
スケッチしている人は
結構いる
なんだか
新鮮

*ルーヴルは水・金曜が夜間開館日なので21時45分まで開いています

21時になると
ニケの周りも
静かだなあ
昼間と同じ
場所なのに
別の世界みたいだ
一度来た場所
見た作品でも
その日その時にしか
見れない風景が
あるんだろうな
また次に来る
ルーヴルは
どんな
風景なんだろう
ハッ!!
そう考えると
スルーした
モナ・リザも
観ておいた方が
いいのでは…!?
いそげ
いそげ
Arrêtez!
もう閉館なので
これ以上奥には
行けません
えーー!!
フランスの美術館は
閉館30分位前から
徐々に閉めだします
気をつけてね

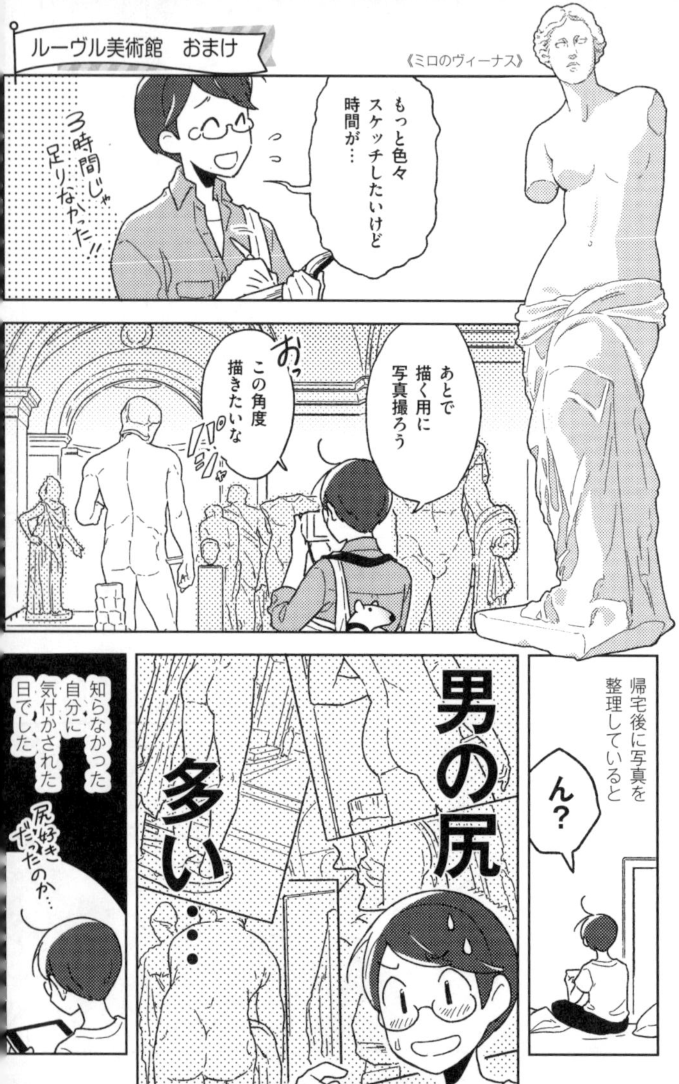
ルーヴル美術館　おまけ
《ミロのヴィーナス》
もっと色々スケッチしたいけど時間が…
3時間じゃ足りなかった!!
あとで描く用に写真撮ろう
おっ
この角度描きたいな
帰宅後に写真を整理していると
ん？
男の尻多い…
知らなかった自分に気付かされた日でした
尻好きだったのか…

スケッチ集

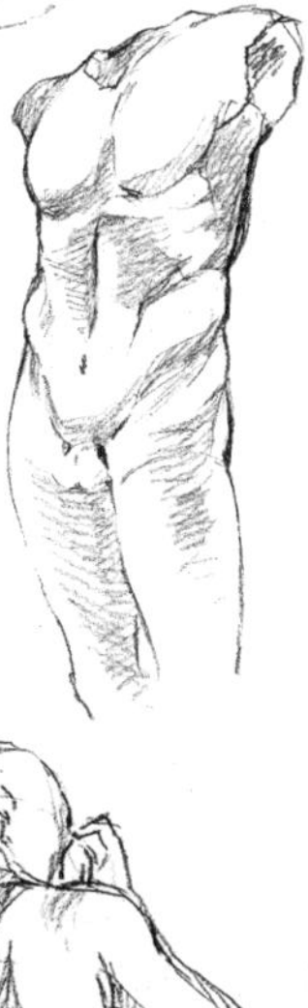

ルーヴルでのスケッチから抜粋。
見返したら確かに尻とか背中が多かった…。

ごはん

滞在中、日中はいろんな場所を
歩き回っていたので
お昼はその合間に公園のベンチで
サンドイッチかパンを
食べることが多かったです。

美術館のカフェやレストランは
結構混んでいたので
時間がもったいなくて…。

Vittel
Pain au chocolat 1.1€
Pain aux raisins 1.3€

おやつパン

バインミー

ブーランジュリー（パン屋さん）の
バゲットサンドも美味しいですが
ベトナム料理店のバインミーが好きで
ちょくちょく食べていました。

このサイズで
4€
パンテオン
近くの
"Bánh Mì"
という
バインミー屋さんが
おいしくて
よく行ってた
うま

パクチーもりもり
チキンカレーバインミー。

美術館でスケッチする人々
海外の美術館では
彫刻や絵画をスケッチする
人々をよく見ます。
世代は学生から老人まで様々。
人によってスタイルに
差があって面白いです。
自分は近くの
ベンチに座って鉛筆と
スケッチブックで
描く事が多いです。
立って描くのむずかしい…
夜間開館日のルーヴルで見かけた人たちを集めてみました
日中に比べて夜は人がぐっと減るのでこの日を狙ってスケッチに来る人も多いみたいです
素描版画室で
ラファエロやパオロ・ヴェロネーゼの
素描を模写する老年の男性。
ちらっと見えた絵が
すっごくうまくてびっくりした。
閉館前の
人が少なくなった
ダリュの階段でニケ像を
ずっとスケッチする男性。
大きな画板を持って
移動しつつ様々な角度から
ニケ像を描いていた。

楽しそうにお互いのスケッチを見せ合う様子が印象的でした
彫刻コーナーでスケッチしていた三人組の中年女性たち。
折りたたみ椅子は美術館で貸し出ししているそうです。次は自分も借りたい。
床に直接座ってスケッチする人も結構いる。
鉛筆や消しゴムも地面に直置き。
古代エジプト美術のコーナーで工芸品の文様などをノートにスケッチしていた学生っぽいグループ。学校の課題とかかな？

ルーヴル２階の赤の間《ナポレオン一世の戴冠式と皇妃ジョゼフィーヌの戴冠》の前。夕方まで人で賑わっている

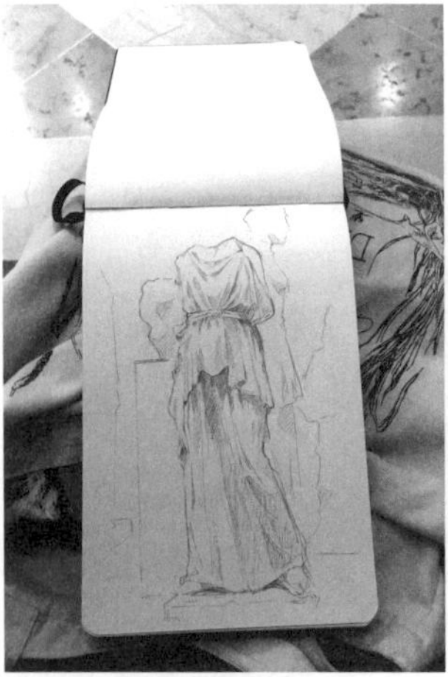

ギリシア彫刻展示室で描いたスケッチの一つ

20時半頃のミロのヴィーナス。日中は人が多い場所でも夜はゆっくり観ることができる

美術館巡りの記録②
パリ9区
マップによると
この辺
なんだけど…
キョロ
キョロ
あっ
あった！
9/21　ギュスターヴ・モロー美術館
ここは
象徴主義の画家
ギュスターヴ・
モロー美術館
建物は彼が晩年
住居兼アトリエとして
使用していたもの
他の住居と
隣接しているので
一見、美術館には
見えません
通りすぎるところだった…
ミュージアム
パスで入館
Pi!
Merci!
2階が住居部分
3、4階がアトリエ
とりあえず
メイン展示部分の
アトリエへ上る事に

うわぁ…
真っ先に目に飛び込んできたのは
モローの希望で増築された美しい螺旋階段
そして壁一面の絵
でっかー
このフレームは…?

素描!!
《オルフェウスの首を運ぶトラキアの娘》のラフだ
反転したりポーズを変えたり色々試行錯誤してるんだなぁ
画家のこういう制作工程のラフあまり観れないから嬉しいな
それにしてもデッサンやラフ、ペン画…
尋常じゃない量だ
観ても観ても終わらない……
この下も素描とか
もちろん素描以外にも油絵に水彩画実際に使われていた画材の展示などもあります
そして4階も3階同様大量の絵と素描の展示
目
いられる!!
ちなみに素描は合計で4000点以上ありました
すっご…

アトリエを満喫した後は2階の住居部分へ
は
素敵な窓ガラス!!
インテリアも統一感があっていいな
へぇ…
モローが残した遺言に従って作品も調度品もすべて生前の位置のままなんだ
どの部屋も
美しい調度品と壁一面に飾られた絵画や版画が調和してる
寝室
そうか…
モローが生きて創作したこの空間
これもすべて彼の作品なんだ
小さい美術館でしたが気づけば3時間
絵…もっと描こう!
一人の画家の情熱に触れ自分も更に絵を描きたくなる場所でした

パリ8区
モンソー公園
ポッ
んっ
雨強くなってき…
ポッ
た!?
これじゃ散歩は無理だ
次に向かおう
パリにもゲリラ豪雨あるんだな
モンソー公園…パリの北西にある庭園。モネがここで絵を何点か描いている
ザアアアア
モンソー公園に隣接して立つ邸宅美術館
それがここ
ひゃ
9/22　ニッシム・ド・カモンド美術館
すごい雨でしたね
大丈夫ですか？
Oui!
ありがとうございます
やさしい
入るまでドアを開けて手招きしてくれた職員の方↑
ミュージアムパスで入場
ここは日本語の音声ガイドが無料で借りられます
まずは目当ての場所へ
1階の廊下を奥へ進んだ先にあるのが…

立派なキッチン!!
キッチンオーブンでっかい!!
邸宅美術館はパリに数多くあれど展示は客間や主人の部屋が中心
ここはキッチンや洗い場まで公開されている貴重な場所なのです
ん?
奥になにか部屋が…
ひょい
使用人用の食堂か!
はじめて見た!!

ぴかぴかに磨かれた銅の鍋、とても美しかった

昔の人の生活感を
感じられる場所って
いいなあ
こういう構造
だったのね
そして
2、3階には
わぁ…
邸宅の主人
カモンド伯爵が
こよなく愛した
ロココ時代の
調度品や美術品の
彩られた部屋の数々が
いずれも
その美しさに
目を見張ります
この邸宅自体は
20世紀初頭の
ものですが
外観もヴェルサイユ宮殿の
*プチ・トリアノン宮を
模したという凝りっぷり
過去の人々の
息遣い
そして収集家の
こだわりと愛を
感じられる
それが
邸宅美術館の
魅力なんだな

＊プチ・トリアノン宮…アントワネットが特に愛した場所としても有名な離宮

9/24　オルセー美術館2回目
あれ あれ
今日は楽しみにしていた展覧会の開幕日!!
Degas à l'Opéra
Musée d'Orsay
ということで再びオルセーへ
半券が欲しかったので今回ネット予約はせず
開館30分前から小雨の中チケット購入の列に並んで待ちました
アンブレラー アンブレラー
傘売りのおっちゃん
電書読みつつ待ち中
40分後
開館時間過ぎたのに列動かない…
45分後
パチ パチ
ワー
拍手?
アナウンス何言ってるんだろ
50分後
ゾロ ゾロ
ホッ
やっと開館か～
荷物検査後入館
ようやく入れた～!
……
半券が入手できなかったのに少々凹みつつも
気を取り直して企画展の展示室へ
Degas à l'Opéra
チケットは!?
みんな普通に入ってきてる!?
無料開放日でもないのになぜか入館フリー
理由は未だにわからず…
アナウンスで言っていたみたいですが聞き取れなかった…

Degas á l Ópera（オペラ座のドガ）展は
パリ国立オペラの誕生から
350年を記念し
踊り子を題材とした
作品を多数描いた
ドガとオペラ座に
フォーカスした展覧会
エドガー・ドガ
《14歳の小さな踊り子》
エドガー・ドガ《エトワール》
油絵、パステルなどの
絵画はもちろん
彫刻、素描、モノタイプに
ガラス乾板まで
多岐にわたる
展示に大満足
特に素描の展示が
多くて嬉しかったです
モノタイプ…版画技法の一種
ドガ展を観終えた後は
常設の好きな作品を
再び観て回り
その後で
ドガ展をもう一周
気が済むまで自由に
好きなものを観られる
一人旅最高…!!
気づけば
15時近く
え!!
美術館もう一個
回る予定なのに!!
止めてくれる人が
いないのが
一人旅の難点…
いそげ
いそげー
ちなみにオルセーが
一番混むのは
ルーヴルの定休日の
火曜日です
人混みが苦手な人は
火曜と土日は
避けましょう
だって
知らな
かったし…
2回とも
火曜に行った奴

フランスの美術館は
入館時にほぼ必ず
荷物検査があります
バッグ
開けて
でーーん
あ゛っ
Haha!
行って
いいよ
ありがとう
カァァァ

※機械に通してチェックする所もあります

ルーヴル美術館　ピラミッド前

こういう写真を入り口前で
よく撮っていたのでこんな事に…

ニッシム・ド・カモンド美術館の美しい大理石の階段

ニッシム・ド・カモンド美術館の台所。並べられた調理用具が昔の面影を感じさせる

モロー美術館の螺旋階段。フランスの邸宅には印象的な階段が多い

モロー美術館の展示の一つ、モローが使用していた画材

その他の美術館

オランジュリー美術館
Musée de l'Orangerie

元々はテュイルリー宮殿のオレンジ温室だった建物をモネの《睡蓮》を展示するために整備して開館した美術館。

ここの見所は何と言っても１階のモネの《睡蓮》の展示室！
楕円形の部屋の壁一面に広がる睡蓮はここでしか見られない光景。

他の美術館への貸し出しが困難なため、パリを訪れたら一度は観ておきたい作品です。

モネの《睡蓮》の展示室

天井には自然光を取り入れるための
大きな窓があり、その日の天気によって
絵の見え方が変化します。

中央のベンチに座って
ぼんやり眺めているだけでも楽しいです。
いるだけで心地よい空間。

Croissant
1.7€
Café
1.9€

地下のカフェでは
軽食と飲み物で
一息つけます。

ガーン!
作品
貸出中
だよ
(英語)

2019年9月は
地下の展示室が改装中で
モネの《睡蓮》以外に展示されていたのは
ジョアン・ミッチェルの絵画一枚のみ。

貸出先が運よく
横浜美術館だったので
帰国してから観に行きました。

モンマルトルにあったキャバレー「黒猫」のポスターで有名な猫大好き画家スタンランの作品も多数あり。

庭園内、画家が作品のモチーフにした場所には解説パネルがあります。

モンマルトル美術館
Musée de Montmartre

ルノワール、ユトリロ、ヴァラドンなど数多くの芸術家がアトリエを構えたモンマルトルの邸宅に設立された美術館。館内にはシュザンヌ・ヴァラドンとその息子・ユトリロのアトリエが再現された部屋もあります。

庭園にはルノワールが名画《ぶらんこ》を描いた場所や「カフェ・ルノワール」という名前のカフェが（11月～３月は休業なので注意）。

国立ウジェーヌ・ドラクロワ美術館
Musée Eugene Delacroix

ロマン主義の画家ドラクロワが
晩年に住んだ家とアトリエを
一般に公開している美術館。

行った時は画家のアトリエに
焦点を当てたDans l'atelier
La création à l'oeuvre展を開催。
印象派画家バジールや、
ピカソの作品も展示されていました。

アトリエの正面にある
中庭は静かで緑に溢れ、
美術館巡りの合間に
一息つける場所。

木陰のベンチで
読書にふける人の姿も
見られます。

精密画
（ミニアチュール）のペンダント

コニャック＝ジェイ美術館

Musée Cognacq-Jay

フランス・ロココ時代の絵画、調度品などのコレクションを展示している美術館。

16世紀に建てられた邸宅「ドノン館」に並べられた優美な展示品の数々から貴族たちの生活の様子がうかがえます。

パリの市立美術館なので入場料無料！

18世紀中国の
陶磁器製の猫。
味があって
かわいい。

パリ市立プティ・パレ美術館
Petit Palais

常設展部分は入場無料なのに古代から20世紀まで幅広いコレクションがあり見応えたっぷり！

調度品、装飾品のコレクションも充実しているので、工芸品に興味がある方にもおすすめ。
モネ、シスレー、カサットなど近代の有名画家の作品も観ることができます。

1900年の万国博覧会に合わせて建設された建物も必見です。

17世紀の懐中時計

クロード・モネ
《ラヴァクールの日没・冬の効果》

パリ装飾芸術美術館

Musée des Arts Décoratifs

ルーヴル美術館と同じルーヴル宮の中にある
中世～現代までの装飾芸術を扱った美術館
家具や陶磁器、染織から宝飾、
おもちゃまで多岐にわたる
6000点のコレクション展示が
見応えたっぷり！

常設展示には
『UN NOUVEAU JAPON』
(新しい日本)という80年代の
日本の服飾、インテリアなどを
展示するコーナーも。

装飾芸術の一環として
携帯ゲーム機の
『ゲーム&ウォッチ』も
展示されていたのに驚き。

↑ファッションデザイナーのジャンヌ・ランバンのアパルトマンを移築した部屋

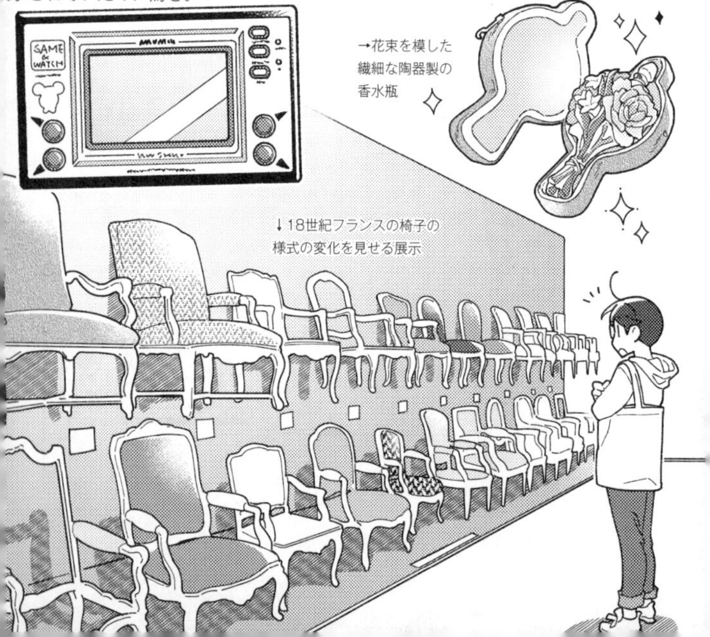

→花束を模した繊細な陶器製の香水瓶

↓18世紀フランスの椅子の様式の変化を見せる展示

ジャックマール＝アンドレ美術館
Musée Jacquemart-André
19世紀に建てられた
銀行家のエドゥアール・アンドレと
画家ネリー・ジャックマール夫妻の
邸宅を基にした美術館。
二人が集めた5000点にも
及ぶ美術品が収蔵されています。
Le jardin d'hiver(冬の庭)と
名付けられた大理石が
ふんだんに使われた温室。
ガラスの天井から陽が差し込む
美しい空間。
レンブラント、ブーシェ、シャルダンなど
有名な画家の作品が素晴らしい調度品と
共に並べられています。
豪華すぎて目がチカチカしてきた…

パリ滞在中に訪れた美術館＋α一覧

9/08　マルモッタン・モネ美術館
9/11　ジヴェルニー印象派美術館
　　　クロード・モネの家、庭園
9/12　ルーアン美術館
　　　セック・デ・トゥルネル博物館
9/13　マルロー美術館（ル・アーヴル）
9/15　コニャック＝ジェイ美術館
　　　ショア記念館
　　　プティパレ
9/16　自然史博物館/進化大展示館
　　　自然史博物館/古生物・比較解剖学展示館
9/17　オルセー美術館・モリゾ展★
9/18　ルーヴル美術館★
9/19　サント・シャペル教会★
　　　コンシェルジュリー★
　　　ドラクロワ美術館★
　　　パリ装飾芸術美術館★
9/21　ギュスターヴ・モロー美術館★
　　　モンマルトル美術館
9/22　贖罪礼拝堂★
　　　オランジュリー美術館★
　　　ニッシム・ド・カモンド美術館★
9/23　パンテオン★
9/24　オルセー美術館（２回目）・ドガ展
　　　ジャックマール＝アンドレ美術館

★…ミュージアムパス使用

ミュージアムパス６日分（74€）で入場した施設は計11館。
パスを使わず個別で入館した場合の入館料は総計で108€。

パスの有効期限は入場した時間から6日（144時間）なので
9/17の12時から使い始めれば9/23の11時59分まで使えます。
同じ施設に２回以上は入れません。
※入館料、パスのシステムは2019年９月時点のものです。

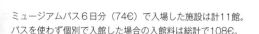

Part5

帰国

もうすぐ帰国

パリ5区
植物園
1ケ月弱の
フランス滞在も
もうすぐ終わり
は〜
明日帰国か
早いなぁ
色々な
美術館
教会や墓地に
ノルマンディー…
1ケ月弱いれば
見たい場所
大体行けると
思ってたけれど
正直…
全っっ然
足りないな…
パリの見所
無限に
ないか!?

行きたいと思ってた
ポンピドゥー・センターに
映画博物館
マイヨール美術館や
ロダン美術館も
行ってないし
前に行った
ピカソ美術館も
もう一回行きたかった
映画館で映画も
観たかったなあ…
パンテオン映画館
近くにあったのにな…
あと1、2ヶ月
いてもいいな…
ははっ
単純だなあ
こっち来て3日目で
ホームシックに
なってたのに
不安も結構
あったけど
来て
よかった
ただフランス語
もう少し
勉強しないとな…

シャルル・ド・ゴール
空港の搭乗口

帰りの飛行機の機内食（２回目）。野菜入りスクランブルエッグにパン、マドレーヌなど。１回目の機内食食べた後、飛行機の中で寝ているだけなので「そんなにお腹空いてないのに…」と思いつつしっかり完食

帰国
帰国当日の昼
ペール・ラシェーズ墓地
ここは20区にある
パリ最大の墓地
ドラクロワやスーラ
オスカー・ワイルドなど
様々な著名人のお墓が
あることで有名です
キョロ
キョロ
ちなみに
広さは43ヘクタール
東京ドーム9個分
えーと…
現在地が
ここで…
迷いまくり
グーグルマップで
出口を探し中の
方向オンチ
ようやく脱出
少し散歩して
昼前に戻るつもり
だったのに～
急いで荷物持って
空港行かないと!!
バタ
バタ
よ…よし…
この時間なら
間に合う…
掃除して
荷物まとめて
おいてよかった…
ぜー
はー
アパルトマンの退出は
鍵を机の上に置いて
出て行けばOK

→迷う人も多いのでガイド的な人がうろうろしているらしいのですが、なぜか一度も会わなかった…

↑ドアはオートロックなので扉を閉めれば勝手に鍵がかかる

↓運転手さんのフランス語がうまく聞き取れなかった…

行きと同じくメトロとロワシーバスで空港に向かいます
バスに乗る時、運転手さんに空港のターミナルを聞かれたのですがわからず困っていると…
大丈夫？ ※英語
どの飛行機ですか？ ※英語
羽田行きのエールフランスです
ターミナル2のEですね そこで降りて ※英語
彼にも伝えたから
メ…メルシー！
どういたしまして ※日本語
困っている人にさっと親切にできる人って素敵だ
自分も見習いたいな
シャルル・ド・ゴール空港
ついた
機械でチェックインを済ませたら
荷物を預けてさくさくと搭乗口へ
楽だな～
と油断してたら検査場で鞄からカメラを出し忘れ注意される
すみません…
Déslorée…

自分のうっかりで注意されましたが手荷物検査自体はさほど厳しくなかった
（ロシアとアメリカがかなり厳しかった思い出）

もう飛行機か…
本当に帰るんだな
キイイイイ
名残惜しいなあ…
失礼します
ドリンクは何にします？
ぱあっ
シャンパンで!!
機内食はチキンかポークの二択か～
鶏肉好きだからチキンにしよう
水
プラムのクラフティ
カマンベール
固いパン
小粒パスタのあっさりサラダ
ベビー野菜のピュレ
鶏肉のシェリー酢風味
Menu
どれも美味しい!!
…けど
チキンと小麦のサラダの組み合わせ
最近食べたような…
味はちがうけど…
もぐもぐ
あっ行きの機内食と被ってた!!
しまったー
ふう
カリカリ

長めの旅行だと
旅日記書くのも
大変だな
あっ
消灯時間か
ライトつけて…
…いや
いいや
少し寝よう
目を閉じると
浮かぶのは
日記に
書ききれないほどの
この旅で触れた
たくさんの思い出たち
33
土産話が
いっぱいだ
帰ったら
何から
話そうかな

ありがとう
フランス
またね

その後
2020年頭
あっ
5月の連休後の
パリ行きの
直行便安い!!
囃子屋さん
一緒にフランス
行かない？
この前行ったじゃん!!
嘘でしょ!?
*ノルマンディー
印象派祭見たいから
一人で行こうかな
5月後半で
10日位…
すっかりタガが
外れてしまった
にしうらであった
まじか…

＊印象派発祥の地ノルマンディーで数年に一度行われるアートイベント。
印象派関連の展覧会などが多数開催される

お土産その1

モノプリ*のエコバッグ

フランス土産のド定番。
安くて軽くて持ち帰りも楽。
にしうらは4年前に買ったものを
未だに使っている。

＊フランスの大手スーパーチェーン

ハーブや野菜の入った塩

料理に使うと美味しい。
値段もお手頃なので
自分用とお土産に数個購入。

ファロ社のマスタードセット

カシスマスタードなど４種類の味が
小瓶に入ってセットになったもの。
見た目もかわいくてお土産に好評。

クレマン・フォジェのマロンペースト

アイスと一緒に食べたり
トーストに塗ったりすると
美味しい。

ナッツ類

これもモノプリで購入。

鶏のブイヨン

日本のマギーブイヨンとは
味がちょっと違いました。
あと日本のものよりキューブの
サイズが倍ぐらいあります。
未使用の分を持ち帰り。

キンダーヴエノのチョコバー

どこのスーパーでも売っていて
安くて美味しい。

マヨネーズ

スーパーで買ったものの
一度も使わなかったので
トランクに入れて持ち帰り。
マスタード入りで美味しかった。

ドリップコーヒー

ペーパードリップ用の
コーヒー粉。
フランス語ではMoulu(ムリュ)と言う。

滞在中に使いかけで残った調味料や箱を開けたティーバッグはジッパー付きポリ袋に入れて自宅へのお土産に。

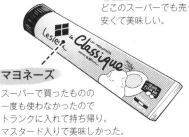

お土産その2

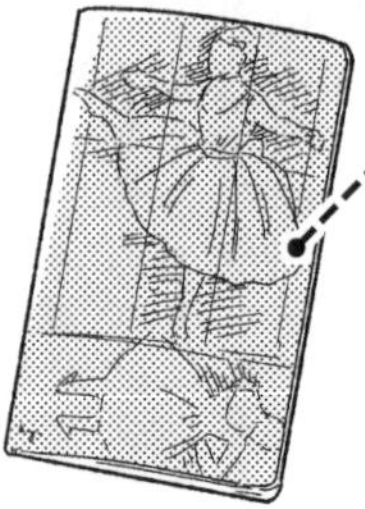

ミニノート
（オルセー美術館）

ドガのデッサンが表紙。

絵画ポストカード

美術館の定番グッズ。
ついつい購入していたら
40枚程に…。

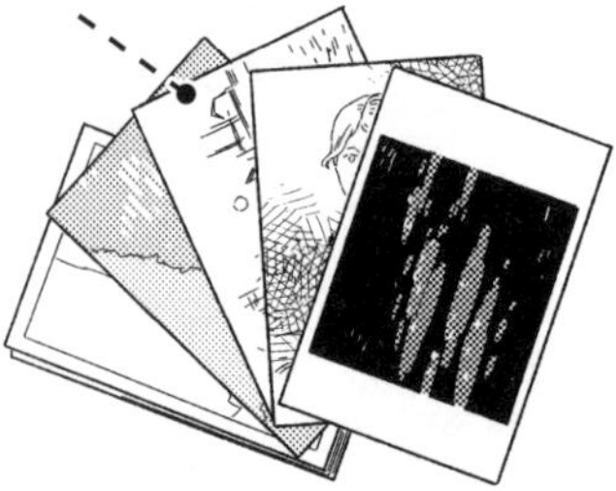

絵画ノート
（オルセー美術館）

右の表紙はモネの言葉。
"En dehors de la peinture et du jardinage,je ne suis bon à rien."
（絵画と園芸以外では
私は何の役にも立たない）

名画カラーの服を着た あみぐるみミッフィー
（オルセー美術館）

美術館にあったのは
ゴッホの《ひまわり》と
《花咲くアーモンドの木の枝》
だけだったので購入見送り。
帰国後にモネの《睡蓮》カラーが
新しく発売されていたので
通販で購入しました。

キーホルダー
（ジヴェルニーのモネの家）

ロートレックの眼鏡型が
かわいくて購入。

**Edouard Manet et
Berthe Morisot**
（マルモッタン・モネ美術館）

マネとモリゾの出会いから
別れまでを描いたBD（バンドデシネ）。

安くて使い勝手がいいので
ほいほい買ってしまう
コットントートバッグ。

トートバッグ
（ドラクロワ美術館）

トートバッグ
（グラン・パレ）

トートバッグ
（ルーヴル美術館）

あとがき

ここまで読んでくださりありがとうございます
『フランスふらふら一人旅』いかがでしたでしょうか？
初海外一人旅
初アパルトマン生活
初海外列車旅など
思い返せば初めてづくしの旅でした
そこで見てきた素敵なものや楽しい思い出を伝えたい！
という気持ちで漫画を描いて同人誌を出していたところ
担当さんに声をかけて頂きこうして一冊の本にまとめることができました
元は2冊の本でした
出発直前まで不安もあったりホームシックにもなったりと
素敵で楽しい事ばかりではありませんでしたが
なんかトラブルあったらどうしよう…
一人旅でしか味わえない自由さ
自分の力でここまで来れた！という達成感は何ものにも代え難く
初めての列車一人旅
ちゃんと迷わずにつけた…
思い切って行ってよかったと心の底から思います
一人旅に行きたいけれどなかなか思い切れない方は
まずしたいことを書き出したり情報収集から始めてみるといいです
旅先でしたいこと
○○を見る
海辺でスケッチ
変な看板の写真とりた

帰国編のラストで描いた
2回目のフランス一人旅は
コロナ禍の影響で
延期になりました
2020年3月中頃
日増しに増える
亡くなった方の数
美術館の休館や渡航制限
イベントの中止が続き
気持ちが落ち込む中
予約していた宿の
休業の連絡メールに
添えられていた
また来年会えることを
そしてあなたの健康を
願っています
という言葉に
少し心が温かくなりました
落ち着いて
旅ができるように
なったら
パリのまだ
観ていない場所を
散歩したり
他の地方へのんびり
列車旅行をして
またいずれ
旅行漫画記として
形にしたいなぁと
思っています
本書の情報は
2019年のものなので
変わっている部分も
あると思いますが
少しでも
旅の参考に
なったり
本書で旅気分を
楽しんでもらえたら
幸いです
最後に旅先で
出会った方々
本書を出す際に
協力して下さった
担当・油利さん
家族や友人
そして読者の
みなさまに
感謝をこめて
どうも ありがとう!
Merci beaucoup!

ご自身も大変な状況なのに温かい一言を添えてくれる優しさが嬉しかった

参考資料

・書籍

『地球の歩き方　パリ＆近郊の町 2016～17』（ダイヤモンド・ビッグ社）

『パリ歴史探偵術』宮下志朗著（講談社）

『改訂版　ガイドブックにないパリ案内』稲葉宏爾著（CCCメディアハウス）

『Art + Paris Impressionists & Post-Impressionists: The Ultimate Guide to Artists, Paintings and Places and Normandy』（Museyon）

『ルーヴル美術館（別冊太陽）』（平凡社）

『新生オルセー美術館』高橋明也著（新潮社）

・ウェブサイト

Site officiel du Musée de Louvre
https://www.louvre.fr/

Musée d'Orsay
https://www.musee-orsay.fr/

Musée Marmottan Monet
https://www.marmottan.fr/

MuséeGustave Moreau
https://musee-moreau.fr/

Musée Nissim-de-Camondo
https://madparis.fr/francais/musee-nissim-de-camondo/

・その他

各美術館でもらったマップ、パンフレット

※本書に掲載している情報および円換算レートは全て旅行当時（2019年9月）のものです。
実際に旅行される際には、事前に公式サイトなどで最新の情報の確認をお願いいたします。

羽田空港に着いて真っ先に食べた
コンビニのおにぎりと緑茶

出典

本書は同人誌・Kindle版が刊行されている『フランスふらふら一人旅 パリ・アパルトマン生活編』と『フランスふらふら一人旅 パリ・美術館巡り編』に描き下ろしを加え、再編集したものです。

〈おまけ〉
フランスの階数表示について

フランスの階数の数え方は、日本でいう１階を０階(Rez de chausssée/地上階)とするので、日本より一段少なくなります。本書の台詞や解説ではわかりやすいように日本式で表記しているため、現地の表記とは異なりますので注意してください。

日本		フランス
1階	→	0階
2階	→	1階
3階	→	2階

ちなみに
地下(B1F)は
−1階です

あれ？
ここって
1階だっけ？
あ、1階って
日本の2階か…
2F
1F

にしうら 染　にしうら そめ

漫画家。女子美術大学芸術学科で西洋美術史を専攻し卒業。ゲーム会社でグラフィックデザイナーとして働く傍ら、漫画家として活動を始める。2014年に独立。フランスを舞台にした漫画、旅エッセイなどを多数執筆。
著書に『モネのキッチン 印象派のレシピ』（秋田書店）、『フランスふらふら一人旅』（同人版・kindle版）シリーズなどがある。
ホームページ　http://sen.hiho.jp/sensyoku/

読んで旅する
よんたび

フランスふらふら一人《ひとり》旅《たび》

著者　にしうら 染《そめ》

2022年11月15日　第1刷発行
2024年4月15日　第4刷発行

発行者　佐藤 靖
発行所　大和《だいわ》書房
東京都文京区関口1-33-4
電話 03-3203-4511
フォーマットデザイン　吉村 亮（Yoshi-des.）
本文DTP　朝日メディアインターナショナル
本文写真　にしうら 染
本文印刷　シナノ
カバー印刷　山一印刷
製本　小泉製本

ISBN978-4-479-32035-7
乱丁本・落丁本はお取り替えいたします
http://www.daiwashobo.co.jp